Generis
PUBLISHING

La Publicité des procédures judiciaires au Cameroun

François TIENTCHEU KONTCHOP

Title: **La Publicité des procédures judiciaires au Cameroun**

ISBN: 979-8-89248-561-6

Author: François TIENTCHEU KONTCHOP

Cover image: https://pixabay.com/

Publisher: Generis Publishing
Online orders: www.generis-publishing.com
Contact email: info@generis-publishing.com

DÉDICACE

À

Feu mon Père KONTCHOP Michel;

Ma mère HOMKAM Épouse KONTCHOP Marie.

LISTES DES ABREVIATIONS ET SIGLES

Aff. Affaire

Al. Alinéa

An. Analogie

Anc. Ancien

Ann. Annales

Arr. Arrêté

ASS.GEN. Assemblée Générale

ASS.PLÉN. Assemblée Plénière de la Cour de Cassation

AUDCG. Acte Uniforme OHADA du 15 décembre 2010 sur le droit commercial général.

AUPC. Acte Uniforme Portant Organisation des Procédures Collectives d'Apurement du Passif adopté le 10 Septembre 2015

BULL. Bulletin des Arrêts de la Cour de Cassation

C. Contre

CADHP. Charte Africaine des Droits de l'Homme et des Peuples

CASS. Cour de Cassation

CEDH. Cour Européenne des Droits de l'Homme/Convention Européenne des Droits de l'Homme

Cf. Confère

CHR. Chronique

CIC. Code d'Instruction Criminelle

COLL. Collection

CP. Code Pénal

CPCC. Code de Procédure Civil et Commerciale

CPP. Code de Procédure Pénale

D. Dalloz

Dir. Sous la Direction de

Doct. Doctrine

Éd. Edition

FSJP/UDS. Faculté des Sciences Juridiques et Politiques de l'Université de Dschang

Ibid. Au même endroit

In. Dans

JCP. Jurisclasseur Périodique

LGDJ. Librairie Générale de Droit et de Jurisprudence

LITEC. Librairie Technique

N°. Numéro

OBS. Obsolète

OHADA. Organisation Pour l'Harmonisation en Afrique du Droit des Affaires

OP.Cit. Cité plus haut

P. Page

Pén. Pénal

PP. Pages

PIDCP. Pacte International des Droits Civils et Politiques

Proc. Procédure

PUA. Presses Universitaires d'Afrique

PUF. Presses Universitaires de France

RTD. Revue Trimestrielle de Droit

RV.SC.CRIM. Revue de Sciences Criminelles

SOMM. Sommaire

SPÉC. Spécialement

T. Tome

V. Voir

V°. Au mot

VOL. Volume

RÉSUMÉ

Le droit de la publicité de la Justice au Cameroun, est un acquis de la révolution française de 1789. Il est ancré dans les principes généraux de droit du fait que la publicité des débats et le prononcé des décisions de justice doit demeurer un principe, mais pour certaines raisons liées à l'ordre public et à la moralité publique, elle doit admettre des limites à l'instar du huis-clos; la tenue des audiences en chambre du conseil et bien d'autres.

En effet, pour assurer la transparence et la sérénité des procédures judiciaires au Cameroun, le principe de la publicité est fondée sur l'idée de la démocratie elle-même, qui implique que la justice, rendue au nom du peuple, soit suivie par le peuple, soit par voie de l'élection ou, à tout le moins, qu'elle soit placée sous sa garde, de façon à empêcher tout débordement du juge, mais aussi parce que les justiciables et citoyens ont le droit de savoir, de connaître les arguments des uns et des autres, de juger eux – mêmes. À cet effet, le principe est général et s'il a commencé par viser les procès d'ordre pénal, où l'on craint l'arbitraire et l'erreur judiciaire, il vise désormais tous les organismes de jugements administratifs; disciplinaire; civil; commercial et surtout lorsque l'entreprise est soumise à une procédure collective.

Cependant, l'encadrement de cette activité par les textes internationaux qui le consacrent, le principe de la publicité des procédures judiciaires est règlementé au Cameroun par une abondante législation notamment la loi n°2005/007 du 27 juillet 2005 portant Code de Procédure Pénale qui comporte des dispositions fondamentales en la matière. Les dérives sont nombreuses et portent considérablement atteinte à cette source juridique.

Toutefois, les solutions peuvent être apportées en vue d'une véritable publicité dans les procédures judiciaires camerounaises. En effet, l'anarchie dans laquelle celle-ci est exercée par les autorités judiciaires compétentes, cesserait certainement, si le législateur qui édictait des règles relatives à la publicité de la justice était relayé dans ses fonctions par lesdites autorités qui doivent veiller à l'application des règles et mettre en pratique les sanctions découlant des violations de celles-ci. Aussi, la création d'un organe de contrôle serait-il d'un apport considérable dans la justice camerounaise en matière de publicité des procédures judiciaires.

ABSTRACT

The Cameroonian justice on Publishing is an achievement of the French revolution of 1789. It is rooted in the general principles of law that a public hearing and pronounced court decisions must remain a principle, but some reasons related to public order and public morals, it must admit its limitations.

In order to ensure transparency and serenity of the judicial process in Cameroon, the principle of Publishing is based on the democratic idea itself, which implies that the justice rendered in the name of the people, to be followed by the people, either through election or, at least, it is in his custody, so as to prevent overflow of the judge, but also because the litigants and citizens have the right to know arguments of one and the other, to judge their selves. For this purpose, the principle is general and it started by targeting the relatives criminal, where it is feared arbitrariness and judicial error, it now covers all administrative judgments of agencies; discipline; civil; commercial and especially when the company is subject to collective procedure.

Despite the supervision of such activity by the international instruments that enshrine, the principle of open courts is regulated in Cameroon by extensive legislation including the Law No. 2005/007 27 July 2005 on the Criminal Procedure Code which includes key provisions on the subject, the drifts are numerous and greatly affect the legal source.

However, solutions can be made for a real Publishing in Cameroonian judicial proceedings. Indeed, the anarchy in which it is exercised by the competent judicial authorities; certainly cease if the legislature which enacted rules on the Publishing of justice was relayed in functions by such authorities should ensure the application of the rules and apply the penalties arising from violations of these. Also, the creation of an absolute judicial control organ it would be a considerable contribution to the Cameroonian justice on Publishing of legal proceedings.

TABLE DES MATIÈRES

INTRODUCTION GÉNÉRALE

Un philosophe du 19e siècle affirmait que: « *la justice est œuvre de lumière et non une œuvre des ténèbres* ». Il voulait dire par là que tous les citoyens doivent être à même de vérifier la façon dont la justice est rendue. Si la justice doit être rendue publique, c'est aussi parce qu'elle est rendue au nom du peuple. Dès lors, ce peuple au nom de qui la justice est rendue devrait pouvoir librement avoir accès aux décisions judiciaires.

L'un des phénomènes les plus importants des cinquante dernières années dans le monde est sans doute le développement prodigieux et fulgurant des mass medias[1] régis par le droit de l'information[2] apparu dans les années 60. Il englobe le droit applicable à la presse écrite et aux procédés visuels ou auditifs comportant des messages intelligibles pour le public.

Certains principes, à savoir ceux de la liberté d'expression et de la presse consacrés au niveau interne et international, sont des principes fondamentaux du droit à l'information dont les professionnels de l'information jouent un rôle de « chiens de garde »[3] de l'information du public. Ils se réclament d'un même fondement à savoir l'article 11 de la Déclaration française des Droits de l'Homme de 1789[4] et des autres textes internationaux.

Les relations entre la justice et les médias se renforcent à tel point que l'on peut désormais parler de médiatisation de la justice. En effet, l'importance du judiciaire dans les médias favorise la pression médiatique qui tend désormais à faire entrer l'actualité juridique dans le champ de mise en scène des récents scandales judiciaires. Les libertés de presse et d'expression, outils indispensables aux journalistes, sont au fondement des démocraties modernes. Ces dernières assignent aux médias la mission d'informer le public sur tout ce qui relève du fonctionnement de la société à l'instar des affaires judiciaires. D'un côté, la justice relevant du domaine public, les médias se doivent d'informer le citoyen de son actualité. De l'autre côté, les médias permettent des formes collectives de communication et créent par conséquent une conscience collective. Au-delà du fait que le public peut exercer un certain contrôle sur l'administration de la justice, le droit à un « *procès équitable* » est, selon NGUELE

---

[1]A cette expression de mass média, certains auteurs préfèrent celles de grands moyens d'information, d'outils de communication ou de techniques de diffusions collectives.

[2] Le droit de l'information désigne ainsi la discipline qui s'intéresse à l'encadrement juridique des situations dans lesquelles un émetteur et un récepteur situés à distance, sont mis en relation l'un avec l'autre.

[3] Cela dit, la liberté reconnue aux journalistes n'est pas illimitée et ces derniers ne peuvent s'exprimer librement puisqu'ils ont l'obligation de respecter certaines contraintes ou limites dans l'exercice de leur profession.

[4] La libre communication des pensées et des opinions est un des droits les plus précieux de l'homme: tout citoyen peut donc parler, écrire, imprimer librement, sauf à répondre à des abus de cette liberté dans les cas déterminés par la loi.

ABADA[5], le droit à un procès équilibré entre les parties. Ce droit est consacré comme droit fondamental et se trouve au centre de tous les discours officiels axés sur la reconnaissance et le respect des droits fondamentaux de l'Homme à travers les garanties processuelles. Celles-ci visent la bonne administration de la justice et sont composées entre autres des principes et exigences tels que le principe du contradictoire; le principe du dispositif; le principe de l'impartialité du juge et surtout le principe de la publicité, véritable droit de la défense en droit processuel[6] qui retiendra notre attention.

Le principe de la publicité des procédures exige que les débats judiciaires et le prononcé des décisions aient lieu publiquement. Il apparait pour la première fois dans la procédure judicaire en général comme principe fondamental dans la Déclaration Universelle des Droits de l'Homme de 1948 en son article 10[7] avant d'être par la suite systématisé successivement dans divers instruments internationaux et nationaux.

Au plan universel, la publicité est présente à l'article 14 alinéa 1er du Pacte international relatif aux droits civils et politiques[8] du 19 décembre 1966 entré en vigueur en 1976. Dans les cadres régionaux, on la retrouve à l'article 6 de la Convention Européenne de Sauvegarde des Droits de l'Homme et des libertés fondamentales[9], à l'article 7 de la Charte Africaine des Droits l'Homme et des peuples du 28 juin 1981 entrée en vigueur le 21 Octobre1986[10]. Au plan national, le Cameroun connait depuis plusieurs décennies des mutations touchant à tous les domaines de la justice. Elles se sont accélérées en1982, donnant naissance à certains textes législatifs à consonance libérale comme la loi du 19 décembre 1990[11]. Celles-ci voudraient que le principe de la publicité des décisions de justice ait un caractère général et presque absolu profitant également aux médias ou à la presse. Mais, ce principe est contenu pour l'essentiel dans le préambule de la Constitution[12] en vigueur qui assure à tous

[5]NGUELE ABADA (M) « Réception des règles du procès équitable dans le contentieux de droit public » *juridis périodique* n° 63-2005, P.20

[6]Partie des droits judiciaires consacrés à l'étude des problèmes généraux et à la comparaison des différentes procédures. Par LADEGAILLERIE (V.) *Lexique des termes juridiques*, Anaxagora, collection numérique, www.anaxagora.net, p.64

[7]Article 10 de la Déclaration Universelle des Droits de l'Homme de 1948: « les justiciables ont droit à un procès public »

[8] -Art. 14 al 1er du PIDCP: « Toute personne a le droit à ce que sa cause soit entendue équitablement, publiquement et le jugement doit être rendu publiquement »

[9] Article 6 de la Convention Européenne de sauvegarde des Droits et libertés fondamentales de 1950: « Toute personne qui fait l'objet d'une contestation de ses droits ou d'une accusation en matière pénale a le droit à ce que sa cause soit entendue publiquement par la juridiction et que le jugement soit rendu publiquement ».

[10] Article 7 (a) de la charte africaine des droits de l'Homme et des peuples du 27 au 28 juin 1981 ne reconnait à toute personne: « *le droit de saisir les juridictions nationales compétentes de tout acte violant les droits fondamentaux qui lui sont reconnus et garantis par les conventions, lois, règlements, coutumes en vigueur* ».

[11] Loi n° 90/052 du 19 décembre 1990 complétée et modifiée par la loi n° 96 /04 du 04 janvier 1996 portant liberté de la presse et communication sociale.

[12] Constitution Camerounaise du 18 janvier 1996 modifiant celle de 1972.

citoyens le droit de se rendre justice et qui affirme son attachement aux instruments internationaux qui garantissent à tout justiciable un procès équitable.

Le droit des médias développé par certains experts comme DERIEUX Emmanuel[13], a longtemps souffert et est de nos jours une discipline riche de par son caractère pluriel ou son interdisciplinarité. La publicité des procédures au Cameroun comme en Occident est une matière très surveillée. Les professionnels qui interviennent dans ce secteur doivent respecter certaines règles quant au contenu des messages pour éviter les abus de la publicité[14]. Le droit d'être informé comprend le droit pour les médias et les journalistes de rechercher, de transmettre l'information sans entraves ni contraintes. Le libre accès des médias et des journalistes à l'information, à leurs sources est une condition essentielle à l'existence d'une presse libre, à la satisfaction et au respect du droit du public à l'information. Il est donc indispensable pour permettre aux citoyens de porter des jugements éclairés et pour favoriser un débat démocratique élargi et ouvert[15]. C'est dire que les activités officielles de la justice intéressent considérablement l'opinion. Toutefois, lorsque les journalistes cherchent à rendre compte des affaires judiciaires, il peut en résulter certaines frictions puisqu'ils veulent souvent publier des informations que des avocats et le juge préfèreraient garder secrètes. La plupart des pays admettent au moins tacitement la présomption d'ouverture des audiences à la presse et au public sous réserve de certaines limites[16].

Cette publicité dans le cadre judiciaire, consiste à porter une information à la connaissance du public et se distingue d'une part de la publicité commerciale[17] et d'autre part de la publicité légale[18]. Elle fait partie des principes fondamentaux du *«procès équitable»* et est à l'origine, intrinsèquement liée au procès pénal. Elle s'applique de nos jours à la procédure civile avec certains assouplissements et constitue un pilier incontournable de la justice dans un État de droit.

C'est en effet cette situation qui justifie le choix de notre sujet: **la publicité des procédures judiciaires au Cameroun.**

---

[13] DERIEUX (E.) dans son ouvrage: « *Droit Européen et international des médias* » considère que les médias occupent depuis quelques années, une place de plus en plus importante dans nos sociétés d'où l'interrogation sur la nécessité de les encadrer en droit européen et international, Paris, LGDJ, 2003, p. 256.

[14]Laurent (M.) la « *mauvaise publicité* » sens et contresens d'une censure, le temps des média n°2, printemps, 2004, p.151.

[15]Le conseil de presse au Québec « *Droit et responsabilité de la presse* » 3e édition, Novembre 2003, pp 7-8.

[16]DERIEUX (E), Droit des médias, Droit français, européen et international, LGDJ- Lextenso, 7e édition, 2015, p. 26.

[17] De manière générale, c'est un secteur professionnel ayant pour but de faire connaître un produit et d'en accroître la vente. Son but premier est d'attirer l'attention puis d'influencer le choix du consommateur.

[18]De manière générale, afin qu'elle soit portée à la connaissance d'une catégorie de personnes, de certaines autorités, ou de l'ensemble du public, les actes publics comme certains actes sous seing privés doivent être rédigés entre les mains d'un officier public. Certains doivent faire l'objet d'une insertion dans un journal admettant les annonces légales.

Ainsi, la compréhension de ce sujet passe par la définition des mots clés qui le constituent. La publicité vient du mot latin *« publicus »*, qui veut dire ce qui concerne tout le monde, qualité de ce qui est publié[19]. De manière générale, la publicité signifie mettre à la disposition du public des informations ou évènements qui surviennent dans la société. Celle-ci se distingue de la publication qui est un mode de publicité employé en matière d'actes règlementaires, consiste à diffuser la connaissance de l'acte par l'insertion de celui –ci dans un texte ou journal officiel. En procédure, la publicité désigne *«l'ensemble des moyens destinés à permettre d'informer le public de l'existence, du déroulement de l'issue d'une instance juridictionnelle»*[20]. Plus largement, la publicité est aussi *«le caractère de ce qui est public»* et renvoie alors à la relation de la justice avec le public. Elle en vient à justifier des reformes de procédure ou, plus ponctuellement la mise en place de dispositifs exceptionnels permettant à la justice de se donner à voir. Or, l'opinion publique est perçue négativement car elle réagit sur l'instant aux seules informations qui lui sont fournies, ce qui est en décalage totale avec la sérénité que doit s'offrir la justice. Les sommes colossales engagées pour permettre à un public plus nombreux et aux medias installés spécialement dans une salle annexe dans le procès attestent ce besoin. Loin d'une vision mercantile de la justice, il ne s'agit pas que de « *vendre le produit justice* »[21], cette nouvelle forme de publicité remplit une fonction pédagogique et bien que ses fonctions soient multiples et riches d'enseignements aux débats et au prononcé du jugement, sa relation avec l'exigence du secret de l'instruction par exemple est tout autant nécessaire puisque le secret est aussi une garantie processuelle. Il doit être entendu comme moyen juridique que l'on place entre la survenance d'un évènement et sa connaissance par l'opinion publique à l'instar du secret de la procédure pour limiter la connaissance du déroulement de celle-ci. Ainsi, on a la publicité des débats[22], la publicité des décisions ou des jugements[23] et la publicité des phases préliminaires[24].

---

[19] http:// www.toupie.org/Dictionnaire/ publicité. Htm consulté le 25 janvier 2015.

[20]D'AMBRA (D.), V° publicité, in CADIET (L.) (dir) *Dictionnaire de la justice*, Paris, *Presses Universitaires de France*, 2004.

[21]DJOFANG DARLY (A.), « *Le nouveau visage de la cour suprême du Cameroun: vers une plus grande efficacité?* » Annales de la Faculté des Sciences Juridiques et Politiques, Université de Dschang, 2012.

[22]Publicité des débats: elle est conçue comme une garantie de la liberté de la défense et un moyen de contrôle sur la manière dont la justice est rendue. Elle implique que le public ait accès à la salle d'audience. La règle est écartée lorsqu'elle paraît incompatible avec la discrétion que requièrent certaines affaires (familiales notamment) ou susceptibles de compromettre la sérénité des débats. La loi parfois en décide ainsi: c'est le cas des affaires portées devant la chambre du conseil, parfois, c'est le tribunal qui prononce pour les motifs d'opportunité, le huis clos.

[23]Publicité des jugements: elle est conçue de sorte que toute personne peut obtenir du greffe, sauf de rares exceptions, la copie de tout jugement même si la décision ne la concerne pas. En tant que sanction, elle signifie que les jugements sont à l'exception du contentieux fiscal, lus publiquement à l'audience même dans le cas où exceptionnellement les débats se seraient tenus à huis-clos.

[24] L'enquête de police ou de l'instruction préparatoire dans le procès pénal et la conciliation dans les procès civils et commerciaux.

D'après le lexique des termes juridiques, les procédures désignent l'ensemble des formalités qui doivent être suivies pour soumettre une prétention à un juge[25]. Elles s'entendent comme l'ensemble des règles organisant le jugement par les tribunaux des litiges nés entre particuliers ou entre l'État et les particuliers. Les procédures judiciaires sont celles conçues pour désigner les procédures ayant pour objet de déterminer les règles de droit commun en ce qui concerne les juridictions d'ordre judiciaire et d'ordre administratif. Ainsi, on a la procédure pénale qui a pour objet de déterminer les règles en ce qui concerne les juridictions pénales et la procédure civile ayant pour objet de déterminer les règles d'organisation judiciaire, de compétence, d'instruction des procès et d'exécution des décisions particulières aux tribunaux civils de l'ordre judiciaire[26].

Notre étude aura pour cadre de recherche principalement le Cameroun et, le droit des procédures collectives OHADA fait partie du droit positif camerounais. Ce droit étant celui des procédures collectives de 17 pays membres sans pour autant oublier la référence à certaines législations universelles liées à la pratique de la publicité des procédures judiciaires.

Cependant, le droit processuel est un droit qui a connu de l'ampleur depuis plusieurs décennies. S'il est longtemps ancré dans les mentalités occidentales, les pays du Sud comme ceux du Nord l'ont implémenté. C'est pourquoi bien que la loi sur la publicité ait été adoptée en 1988 et révisé en 2006 au Cameroun, nous étudierons uniquement la publicité inscrite dans nos codes de procédures en se limitant à la publicité des débats et à celles du prononcés des décisions judiciaires sans toutefois épargner les règles des procédures de la justice administrative[27]. Si le rôle des médias est fondamental dans une société démocratique comme la nôtre, il convient de s'interroger sur les risques de cette publicité de la justice à travers nos différentes législations et codes de procédures, de même que le droit comparé sur la question.

Cependant, la publicité des procédures judiciaires étant un principe visant à garantir un procès équitable consacré par le droit OHADA, le Cameroun qui fait partie du Traité[28] relatif à l'harmonisation en Afrique du droit des Affaires se trouve dans l'obligation d'appliquer les règles de la Cour Commune de Justice et d'Arbitrage en matière de publicité des procédures par le règlement des litiges[29]. Ainsi le Traité précité

---

[25]GUILLIEN (R.) et VINCENT (J.) *Lexique des termes juridiques*, 13ème édition, Dalloz, 2001s, p.450.
[26]CORNU (G.) vocabulaire juridique, association Henri Capitant, 8ème édition, Quadrige, Presses Universitaires de France, 2007.
[27]Celles suivies devant les juridictions administratives régies par les règles exorbitantes du droit commun. Définition donnée par LADEGAILLERIE (v.) op.cit, p. 130.
[28]Traité relatif à l'Organisation pour l'Harmonisation en Afrique du Droit des Affaires du 17 octobre 1993 révisé le 17 octobre 2008 à Québec.
[29] Règlement des litiges de la CCJA.

soulignait en son temps la nécessité de la mise place « *d'un droit des affaires harmonisé qui devrait pouvoir être appliqué avec diligence dans les conditions propres à garantir la sécurité juridique des activités économiques* »[30]. C'est dans cet esprit que le législateur OHADA à travers l'Acte uniforme sur les procédures collectives d'Apurement du passif a mentionné la problématique de la publicité des procédures judiciaires à l'ouverture des procédures collectives[31] qu'il nous revient aussi d'étudier.

L'intérêt d'un tel sujet se décline sur deux points à savoir théorique et pratique.

Au plan théorique, l'étude vise à attirer l'attention du législateur sur certains aspects des textes régissant la publicité judiciaire au Cameroun. Elle permettra de recenser et d'analyser sinon toutes, du moins les ressources législatives majeures, doctrinales et jurisprudentielles se rapprochant au sujet. La tâche prioritaire consiste à cet égard à examiner tant la constitution que les textes particuliers relatifs à chaque type de procédure, en passant par les dispositions communautaires et internationales traitant de la question.

Au plan pratique, la règlementation de la publicité en droit processuel vise la protection des justiciables en assurant la sécurité juridique et l'information des créanciers et les personnes qui ont traité ou qui voudraient traiter avec le débiteur sur les restrictions apportées notamment à son patrimoine. De même, la publicité en tant que droit de la défense, est une garantie processuelle pour un justiciable contre l'arbitraire du juge et les publicitaires ou annonceurs ne peuvent s'exprimer librement. La relation entre la nécessaire discrétion qui entourent les procédures judiciaires et l'exigence de la communication doit être faite afin d'éviter une certaine opacité éventuellement préjudiciable aux intérêts des parties, à l'intérêt général et au droit du public d'être informé. Les professionnels de l'information ont l'obligation de respecter certaines contraintes et limites dans l'exercice de leur profession qui peuvent s'apparenter à une forme de censure sur le contenu de l'information judiciaire[32].Toutefois, la justice ne doit pas être rendue clandestinement afin d'éviter des soupçons sur la partialité, c'est le cas en matières civile, pénale et dans l'ordre

---

[30] Préambule du traité OHADA du 17 octobre 1993 révisé le 17 octobre 2008 à Québec.

[31] **Procédures collectives:** d'après une étude de l'Acte uniforme sur les procédures collectives révisé, elles correspondent à différents états de la santé financière de l'entreprise. Elles constituent l'ensemble des mécanismes juridiques permettant de régler les difficultés financières et économiques des entreprises. Elles sont dites collectives en ce qu'elles conduisent à réunir les créanciers en une masse d'une part et visent à satisfaire collectivement les intérêts mis en péril par les difficultés de l'entreprise débitrice d'autre part. Ainsi on note trois procédures à savoir, le règlement préventif pour maintenir l'activité de l'entreprise, le redressement judiciaire si l'état financier et économique de l'entreprise est plus préoccupant et que le débiteur se trouve d'ores et déjà en état de cessation de paiements. En fin, lorsque l'entreprise est en état de cessation des paiements et que son redressement est manifestement impossible, on adopte la procédure de liquidation des biens.

[32] LAURENT (M.) la « mauvaise publicité » sens et contresens d'une censure, le temps des média n°2, printemps, 2004, p162.

administratif. Pour garantir une meilleure transparence et la sécurité judiciaire à travers la publicité des procédures, il faut un équilibre entre la communication nécessaire et l'exigence de secret des procédures judiciaires pour plus de sérénité dans l'administration de la justice afin que le public puisse être informé du fonctionnement et de la manière dont la justice est rendue.

De tout ce qui précède, la publicité telle qu'elle est appliquée en droit processuel camerounais est-elle à même d'assurer la transparence et la sérénité des procédures judiciaires au Cameroun?

L'observation de la publicité des procédures judiciaires au Cameroun laisse admettre que c'est un principe processuel qui concourt efficacement à la sécurité juridique au Cameroun, il existe des difficultés qui l'entourent pour parfaire son efficacité à travers des restrictions par rapport à la question.

Pour répondre à la problématique que pose le sujet, plusieurs méthodes de recherche ont été utilisées car « *il n'y a pas de méthode unique et passe-partout, chaque recherche particulière est d'abord une recherche des méthodes* »[33]. Ainsi recours a-t-il été fait à l'exégèse qui consiste en l'analyse des textes législatifs et règlementaires relatifs au sujet. Recours a été fait également à la casuistique, à travers l'analyse de quelques décisions de justice ayant trait au thème. L'influence des droits étrangers et notamment le droit international sur le droit Camerounais a imposé le recours à la méthode comparative, de même que les vertus de cette méthode. Ainsi que le souligne le professeur Roland DRAGO, « *tout juriste est et doit être un comparatiste* »[34].

Ces méthodes aideront à mieux rendre compte de l'état actuel des pratiques processuelles de la justice Camerounaise en ce qui concerne la publicité des procédures judiciaires au Cameroun.

En tout état de cause, la réalisation d'une réflexion comme la nôtre amène à dire que, si la publicité est un principe fondamental d'un procès équitable, en ce qu'elle garantit la transparence des procédures judiciaires (**Première Partie**), elle comporte

---

[33]MASSONAT (J.), *Technique d'enquête en sciences sociales*, Paris, Larache, 1993, p17, cité par KANO TUGNOUA (R.), *La publicité Commerciale illégale au Cameroun*, Thèse de Master, Faculté des Sciences Juridiques et Politiques, Université de Dschang, Avril 2015, p.06.

[34] DRAGO (R.) Droit comparé, in ALLAND (D.), RIALS (S.)Dictionnaire de la culture juridique, Presses Universitaires de France, 2003, p.456, cité par KEUTCHA TCHAPNGA © cours de méthodologie de la recherche juridique Master II recherche en droit public; en carrières judiciaires, en droit des affaires, en droit communautaire et comparé de la CEMAC et Master II professionnel en droit de l'Homme, droit pénal international et droit international humanitaire, inédit, Université de Dschang, 2012-2013.

toutefois des atténuations en tant que gage de la sérénité des procédures judiciaires de manière relative (**Deuxième Partie**).

PREMIÈRE PARTIE: LE PRINCIPE DE LA PUBLICITÉ GAGE DE LA TRANSPARENCE DES PROCÉDURES JUDICIAIRES AU CAMEROUN

Au Cameroun, si la justice est rendue publiquement et toute décision doit être prononcée publiquement[35], la publicité se présente comme un principe fondamental du procès équitable. L'information du public doit exister sans abus pour une meilleure transparence des procédures judiciaires.

Cependant, les acteurs de la justice tout comme les médias se doivent d'assurer, une publicité des procédures judiciaires nécessaire pour le bon fonctionnement et la promotion de la justice camerounaise, montrant ainsi l'affirmation de la publicité comme principe dans la transparence des procédures judiciaires(**Chapitre I**) et le particularisme de son exigence (**Chapitre II**).

[35] - Cf Article 6 (1) de la loi N° 2006/015 du 29 Décembre 2006 portant organisation judiciaire.

CHAPITRE I: L'AFFIRMATION DE LA PUBLICITE COMME PRINCIPE DANS LA TRANSPARENCE DES PROCEDURES JUDICIAIRES

Historiquement, la publicité des procédures judiciaires n'a été affirmée comme principe qu'au moment de la révolution française même si elle a existé dès l'Antiquité où le procès constituait un spectacle[36]. Cette relative jeunesse s'explique par les avantages que peut également offrir le secret au justiciable et à la justice mais aussi par l'évolution de la conception de l'office du juge. Ainsi, la transparence est « *la qualité de ce qui laisse paraître la réalité toute entière, de ce qui exprime la vérité sans l'altérer* »[37]. Son utilisation va permettre de faire un appel à la communication, à l'échange, à l'égalité, à la vérité, bref, à la sécurité juridique[38]. Dans cette veine, « *la transparence est la vertu des belles âmes* »[39].

Cependant dans la pratique, la réalisation judiciaire comporte une transparence à travers le contenu du principe de la publicité des procédures judiciaires (**Section I**) et les typologies de celle-ci (**Section II**).

SECTION I: LE CONTENU DU PRINCIPE DE LA PUBLICITÉ DANS LA TRANSPARENCE DES PROCÉDURES JUDICIAIRES

La mise en œuvre du principe de la publicité des procédures judiciaires résulte de son contenu à travers le fondement du principe de la publicité (**Paragraphe I**) et de sa réalisation (**Paragraphe II).**

---

[36] - AUBY (J.M), « Le principe de la publicité de la justice et le droit public », Ann. Fac. de droit et des sc. éco. De Toulouse, t. XVI fasc. 1, 1968, spéc. p.3

[37] -Cf. Dictionnaire *le Petit Robert*, 2009, P. 630.

[38] -Cf. GARAUD (E.), *La transparence en matière commerciale*, Thèse de Doctorat, Limoges 1995, P.1.

[39] -Assurait ROUSSEAU (J. J.) qui voulait rendre son *« âme transparence »*. Cf. BREDIN (J. D.), *« Secret, transparence et démocratie », In la transparence*, RJ com, 1993, n° spécial, P.175.

PARAGRAPHE I: LE FONDEMENT DU PRINCIPE DE LA PUBLICITÉ DES PROCÉDURES JUDICIAIRES

Si les fonctions de la publicité sont multiples et riches d'enseignements, sa relation avec le secret l'est tout autant. Son fondement permettra de mieux appréhender sa relation historique avec le secret (**A**) et sa consécration comme principe (**B**).

A- la relation historique de la publicité avec le secret

Avant le principe de la publicité ne soit affirmé par la Révolution française, la règle était celle du secret. Le secret était alors absolu puisqu'il s'imposait même vis-à-vis de l'accusé. Il était alors paré de toutes les vertus, justifié par le souci de protéger la présomption d'innocence, de garantir la rédemption du coupable, car « *la comparution publique va le marquer au front d'une honte indélébile en faisant connaître à tous son nom et le délit qu'il a commis*[40] », et de protéger les témoins. Surtout, le secret visait avant l'heure, « *une politique publique* » car il répondait à la « *crainte de la contagion: contagion des mauvaises doctrines ou des comportements anormaux. D'où l'idée que l'erreur doit d'abord être traitée par le silence, et que tout ce qui la publie la propage est à proscrire soigneusement*[41] ». Il fallait éviter de faire une mauvaise publicité aux comportements déviant, au risque de les inciter. Les raisons de défendre la politique du secret étaient donc consistantes. C'est sous l'influence de la philosophie des Lumières, relayée par les requêtes des cahiers de doléances, que la publicité fût affirmée en principe.

B- la consécration de la publicité comme principe

La consécration de la publicité comme principe se justifie par ses multiples fonctions car elle ne vise pas la seule protection du justiciable. « *La publicité est réclamée dans l'intérêt général; la confiance que doit avoir tout le monde qu'un accusé ne subira aucune espèce de vexation ou d'oppression, ne repose que sur la publicité de l'information préparatoire*[42] ». Elle est un moyen de contrôle des juges opéré par les justiciables, par une juridiction supérieure, par la société pour une bonne administration de la justice. Au-delà, elle fournit aussi les moyens d'une surveillance par les pouvoirs exécutif et législatif. En ce sens, elle répond à la crainte d'un « *gouvernement des juges* » en permettant d'assurer le respect par le juge de la loi. Elle

---

40 - DE MOULINS(C.), « De la publicité et de la contradiction dans la procédure pénale », Thèse, Toulouse, Les frères Douladoure imprimeurs, 1921, spéc. p.296.

41 - CARBASSE (J.M.), « La place du secret dans l'ancien procès pénal, in Le secret entre éthique et technique? », Colloque international décembre 1998? L'espace juridique, Histoire judiciaire, 200 0, p.207.

42 - MITTERMAIER (C.J.A.), Procédure criminelle en Angleterre, en Ecosse et dans l'Amérique du Nord, Paris, éd. E. Thorin, 1868, spéc.p.249.

est une garantie de la démocratie et de l'État de droit. Elle participe, en outre, à la solennité de la justice car elle « *souligne la volonté de la société de se rappeler, publiquement et collectivement ces faits. Cette répétition du crime, par le langage et l'émotion est vécue par ceux qui assistent comme une authentique commémoration rituelle*[43] ».

La publicité est reconnue par des textes internationaux[44] de valeur plus ou moins contraignante. Cependant, la répétition de son affirmation lui accorde du poids. Ainsi, si l'article 10 de la Déclaration universelle des Droits de l'Homme n'a pas de valeur contraignante en soi, il a inspiré la Convention européenne des Droits de l'Homme qui, quant à elle, l'impose aux États contractants en son article 6 (1) et 7 (a) de la Charte Africaine des Droits de l'Homme et des Peuples comme un des éléments du droit au procès équitable. En droit interne, elle est toutefois affirmée tant en procédure civile qui en fait un principe directeur du procès aussi bien en procédure pénale que dans le contentieux administratif.

Le positionnement de la justice administrative au regard de la publicité est assez révélateur de l'évolution de ce principe. Cette persistance en contentieux administratif était justifiée par le souci de célérité[45]mais cette exigence ne lui est pas propre et ne saurait justifier un traitement différent. Elle serait aussi liée à ses origines historiques et à la procédure administrative non contentieuse. Suivant l'évolution de cette dernière, le contentieux administratif invoque aujourd'hui la notion de transparence[46]. Le parallèle est alors fait entre la transparence de l'administration vis-à-vis de ses administrés, que symbolise la commission d'accès aux documents administratifs, et la justice administrative vis-à-vis de ses justiciables. Pourtant, la transparence n'est pas un concept juridique et mieux vaut parler de publicité. En effet, la transparence évoque tout autant l'exigence de motivations des décisions de justice qui techniquement est distincte en droit processuel.

Ainsi, il n'en demeure pas moins que, la publicité est affirmée et affichée, ce qui n'empêche pas que de la théorie à la pratique, elle perde de ses vertus, d'où sa réalisation.

---

[43] - GARAPON (A.), Bien juger, essai sur le rituel judiciaire, Paris, Odile Jacob, 1994, spéc. p.64.

[44] - Art.10 DUDH.- Art. 14 PIDCP, invoqué par le comité des droits de l'homme de l'ONU: Constatation du 31 mars 1981, Aff. 74/1980, Miguel Angela Estrella, sélection des décisions, vol. 1, vol.2, p.80; Art.6 conv. EDH.

[45] - HAURIOU(M.), Précis du droit administratif, Sirey, 12ème éd, 1933,.p.498.

[46] - PONTHOREAU(M.C), Réflexions sur la motivation des décisions juridictionnelles en droit administratif français, RDP 1994, p.747.

PARAGRAPHE II: LA RÉALISATION DE LA PUBLICITÉ DES PROCÉDURES JUDICIAIRES

Si les acteurs de la justice tout comme les médias assurent une publicité importante, il en découle une étude la publicité, garantie pour un justiciable, du bon fonctionnement et la promotion de la justice pour une meilleure réalisation judiciaire à travers une réalisation théorique(**A**) et une autre pratique de la publicité(**B**).

A- la réalisation théorique de la publicité

La publicité suppose l'accès du public à l'audience. Cela signifie que toute personne peut y assister, et non seulement des personnes spécialement accréditées[47]. « *Peu importe que le public, c'est-à-dire la foule anonyme, le ' 'vulgum pecus'', ait ou non pénétré; il suffit qu'il ait la faculté de venir, peu importe que l'audience ait lieu à une heure quelconque, même matinale, et dans un local inaccoutumé; toutes ces considérations ne sont pas exclusives de la publicité (....) elle peut perdre son caractère de publicité, alors même qu'elle serait tenue en présence d'un grand nombre de spectateurs. Il n'y a pas publicité en effet, si l'assistance a été sélectionnée aux moyens des cartes d'entrées délivrées* » [48]. Il est pourtant admis par usage coutumier que des bancs soient réservés aux avocats ou à la presse mais, sous réserve des capacités d'accueil de la salle, il doit être laissé place *au « vulgum pecus »*. Il est symptomatique à cet égard qu'un référé d'heure à heure puisse se tenir au domicile du juge mais « *porte ouverte* » pour permettre au public d'y accéder.

Cependant, l'observation de la pratique révèle une présence réduite du public. Ce public est alors plus efficacement touché par la présence des médias à l'audience qui deviennent ainsi une condition de l'effectivité de la publicité[49].

B- la réalisation pratique de la publicité

La publicité semble également pouvoir être assurée autrement que par l'audience publique. La possibilité pour le public de prendre connaissance de ce qui s'est passé pendant l'audience suffit à respecter l'exigence de publicité[50]. Ainsi, la différence entre publicité et oralité se fait ici nettement ressentir, la publicité pouvant être écrite, pourtant là où le chaland processuel passe d'une salle d'audience à l'autre, le public se déplace au greffe pour obtenir communication d'un jugement est un public averti. La solution admise pourrait donc être contestée. En vrai, elle est motivée par des

---

47 - Cass. Crim. 11 Août 1887, Bull. crim. n° 311.
48 - DE MOULINS(C.), op.cit, p.288.
49 - MARTIN(R.), v° Principes directeurs du procès, Dalloz, Rép. Proc. Civ, 2000, spéc. n° 34.
50 - CEDH 8 Déc. 1983, Pretto c/ Italie, Série A n° 71; Berger n°86, p. 254.

contingences procédurales liées à l'engorgement des juridictions. La balance se fait ici en faveur de l'efficacité de la justice, même si le public n'est pas le même. Une manière de résoudre la question serait une publicité sur internet qui reconstituerait un public virtuel bien plus large. Cependant, là encore, la connaissance des affaires serait différente comme l'a relevé FINKELKRAUT ALAIN, « *ce n'est pas la même chose (...) de suivre un procès dans une salle d'audience, ou chez soi dans un fauteuil. Au tribunal, on ne peut ni téléphoner, ni s'affairer, ni s'affaler, ni aider ses enfants à finir leurs devoirs, ni même grignoter une pomme. « La Cour »: les fonctions corporelles doivent être maîtrisées, la vie doit suspendre son bourdonnement pour que puisse déployer la cérémonie judiciaire »*[51].

Ainsi, l'affirmation de la publicité comme droit de la défense au regard des procédures judiciaires à travers ses raisons et sa réalisation nous invite à étudier aussi la typologie de la publicité dans le cadre de la transparence desdites procédures de la justice camerounaise.

SECTION II: LES TYPOLOGIES DE LA PUBLICITÉ DANS LA TRANSPARENCE DES PROCÉDURES JUDICIAIRES

Consacré par les textes internationaux à l'instar de l'article 6 alinéa 1er de la Convention Européenne des droits de l'Homme et la Charte africaine des Droits de l'Homme et des peuples, inscrit dans nos codes de procédure, le principe de la publicité se justifie par le fait que la justice étant rendue « *au nom du peuple* », les citoyens doivent pouvoir en contrôler l'exercice quotidien.

Cependant, l'exigence de publicité par le législateur camerounais est l'une des plus importante garantie pour les justiciables. Elle les assure que la vérité ne sera étouffée par une juridiction aveugle ou partielle. En effet, le Pacte international relatif aux droits civils et politiques[52] affirme en son article 14 alinéas 1er que toute personne a droit à ce que sa cause soit entendue équitablement, publiquement et le jugement doit être rendu publiquement. Cette publicité concerne les débats que le public est admis à suivre (**Paragraphe I**) également sur le jugement qui peut être publié (**Paragraphe II**).

---

[51] - FINKELKRAUT (A.), cité par GARAPON (A.), Bien juger, Essai sur le rituel judiciaire, op.cit., p. 58.
[52] - Pacte international relatif aux droits civils et politiques du 19 décembre 1966 entré en vigueur en 1976.

PARAGRAPHE I: LA PUBLICITÉ DES DÉBATS

Si Jean LAGUIER relève que la publicité des débats est nécessaire à l'administration d'une bonne justice, et les indiscrétions de la presse qui nuisent parfois au déroulement normal du procès[53], celle-ci est un idéal vénérable de la justice camerounaise.

Contrairement à certains États comme la France, le droit au procès public n'est pas expressément consacré par la Constitution camerounaise[54]. Il ressort implicitement de l'interprétation de son préambule lorsque celui-ci recommande dans l'un de ses alinéas de conduire le procès « *dans le strict respect des droits de la défense* ». En effet, la publicité des débats permet de s'assurer que le justiciable s'est réellement défendu et qu'il n'a pas subi des tortures, pour cela, elle est une règle en matière civile (**A**) et en matière pénale pour les audiences (**B**).

A- la publicité comme règle en matière civile

Pour Madame Laurence BOURGORGUE LARSEN: « La publicité des débats a une double finalité dans un État de droit: le contrôle public de la justice et la confiance des tribunaux »[55]. Si au-delà du fait que le public peut exercer un certain nombre de contrôle sur l'administration de la justice camerounaise, la publicité comme garantie des droits de la défense en matière civile, se justifie en ce qu'elle est aussi une importante modalité d'éducation de la masse.

C'est dans cette optique que l'article 26 du Code de procédure civile et commerciale prévoit que: « Les audiences des tribunaux sont publiques, à moins que cette publicité ne soit dangereuse pour l'ordre ou les mœurs, auquel cas le tribunal le déclare par jugement préalable ». Selon Jérémie BENTHAM, « l'obscurité du secret donne libre cours aux sinistres desseins. L'injustice ne peut être freinée que par la publicité des débats. La publicité est le souffle même de la justice. Elle fait en sorte que celui qui juge est lui-même en jugement ». Avec ces propos, BENTHAM nous esquisse l'importance de la publicité des débats pour le prévenu ou par l'accusé en matière pénale.

---

[53] - LARGUIER (J.), Procédure pénale, Paris, 18e édition Dalloz, 2001, p.235.

[54] - Constitution du 18 Janvier 1996 modifiant celle de 1972.

[55] - BOUGORGUE-LARSEN (L.), « *Les résistances des États de droit* », in RIDEAU(J.), « De la communauté de droit vers l'union de droit », Colloque de Nice d'Avril 1999, Paris, LGDJ, 2000, pp 423-458.

B- la publicité comme règle en matière pénale pour les audiences

De manière générale, ce principe exige que les salles d'audience soient accessibles au public et que la publicité de ces audiences ne soit pas entravée. La libre circulation de l'information favorise les commentaires et les discussions entre les citoyens, ce qui renforce l'obligation de rendre compte qu'assurent les institutions qui exercent les pouvoirs de coercition contre les individus.

En matière pénale, la publicité des débats est une mesure nécessaire pour les audiences en ce qu'elle protège contre une justice secrète échappant au contrôle du public. L'exigence de la publicité rend licite la reproduction des débats par la presse et même la publication des décisions judiciaires[56]. Le public étant donc admis dans la salle d'audience, le défendeur ne pourra subir aucune pression de la part des juges et exprimera donc librement sa pensée. A l'ouverture des débats, le Président doit interroger le prévenu ou l'accusé afin non seulement de s'assurer de son identité, mais aussi qu'il a bien reçu signification de l'ordonnance de renvoi. Il doit également vérifier si l'accusé a choisi un conseil et en cas de besoin, lui en désigner un d'office[57]. Elle constitue aussi l'un des moyens de préserver la confiance des parties dans les cours et tribunaux.

Il semble de préciser que l'impossibilité matérielle de contenir dans les salles d'audience tous ceux qui auraient le désir ou l'intérêt à assister aux audiences justifie la nécessité des médias à servir de courroie pour étendre l'écho du déroulement des procédures judiciaires. C'est dans ce sens que l'article 302 alinéa 1er du Code de procédure pénale dispose: « *Les audiences sont publiques* ». Hors mis la publicité des débats, le droit à un procès public comporte un autre versant qui consiste en la publicité du jugement. C'est dans un souci d'équité et de transparence que le législateur précise que le jugement intervenant à la suite des débats soit publié.

PARAGRAPHE II: LA PUBLICITÉ DES JUGEMENTS

Le déroulement d'une audience, varie selon la nature civile, pénale ou administrative du tribunal et à l'exception du contentieux fiscal, les jugements sont lus publiquement à l'audience. C'est dans cet esprit que l'Article 38 du Code de procédure civile et commerciale prévoit que: « *Les jugements sont rédigés en minutes. Ils énonceront qu'ils ont été rendus en audience publique et indiqueront clairement la*

---

[56] - KEUBOU (P.), Précis de procédure pénale camerounaise, Yaoundé, PUA, 2010, p.153.
[57] - Article 415 et ss du CPP.

date à laquelle ils ont été rendus. Ils contiendront les noms des magistrats et du greffier qui auront siégé ».

Cependant, si le jugement fait partie de l'ordre juridique, il importe d'étudier l'appréhension de cette notion (**A**) et mentionner par la suite les caractéristiques de la publicité des jugements (**B**).

A- L'appréhension de la notion de jugement

Dans le langage courant, on désigne par ''*jugement*'' toute décision rendue par une juridiction de premier degré, qui ordonne de payer, de faire, de ne pas faire ou encore qui prend une mesure d'instruction voire d'exécution.

Du point de vue appartenant à la technique juridique, le juge de l'ordre judiciaire sont appelés à rendre différents types de décisions qui portent des appellations différentes. Le mot ''*jugement*'' s'applique aux décisions des juridictions de droit commun comme celles des juridictions spécialisées. En revanche, les décisions prises par les arbitres, ne sont pas des jugements mais des sentences arbitrales. Cependant, le prononcé des décisions doit être fait en audience publique[58] dont il importe de mentionner les caractéristiques de la publicité du prononcé du jugement.

B- les caractéristiques de la publicité des jugements

D'après le lexique des termes juridiques, la publicité du jugement s'entend par le fait que toute personne peut obtenir du greffe sauf rare exception, la copie de tout jugement, même si la décision ne la concerne pas. À l'issue des délibérations, le jugement peut être prononcé sur le champ. Dans le cas contraire, son prononcé peut être renvoyé à une date ultérieure afin que les juges puissent délibérer longuement. Le président doit alors aviser les parties en les précisant les motifs de la prorogation ainsi que la nouvelle date à laquelle la décision sera rendue ou prononcée.

Concernant l'absence de lecture publique du jugement, les erreurs ou les omissions matérielles commises dans les énonciations des décisions soumises à son examen, la première chambre de la Cour de cassation, a jugé que le fait qu'un jugement ou un arrêt ait été déposé au greffe où les parties pouvaient en prendre connaissance, répondait suffisamment aux dispositions de l'article 6 -1 de la Convention de sauvegarde des Droits de l'Homme et les libertés fondamentales. Celles-ci étaient destinées à assurer

---

[58] - Article 302 (2) du CPP: « Le jugement est prononcé en audience publique ».

le contrôle de l'autorité judiciaire par le public, pour la sauvegarde du droit à un procès équitable.[59]

Cependant, le fait que le jugement doit être rendu publiquement ne signifie pas nécessairement que le jugement doit être rendu dans l'enceinte du tribunal et par conséquent, l'accessibilité de son texte intégral au public suffisent à satisfaire la condition de prononcer publiquement la décision. Ce qui n'est pas toujours le cas au Cameroun du jugement au greffe au regard des publications informatisées comme dans les pays tels que la France. De même, la publicité du jugement peut se faire par sa publication dans un Journal Officiel ou dans un recueil officiel de jurisprudence. Aussi, la reproduction des débats et du jugement dans la presse est rendue licite par le Code Pénal selon lequel, le compte rendu fidèle et de bonne foi de ces débats et discours, à l'exception des procès en diffamation et la publication des décisions judiciaires, y compris celles rendues en matières de diffamation ne constituent aucune infraction[60].

En ce qui concerne la sécurité des tiers, la publicité est destinée à informer et à protéger les créanciers inscrits (et spécialement tous les chirographaires) et même les tiers contre les dangers que peut leur faire courir l'ouverture d'une procédure collective d'apurement du passif. On sait que le jugement est rendu par le juge, que celui-ci doit être toujours loyal, digne et paraître dans une totale clarté. La transparence se lit aussi à travers une décision de justice, la formulation des raisons qui ont poussé le juge à aborder un problème. La publicité, parce qu'elle permet le contrôle populaire, est une garantie de bonne justice[61]. Le jugement doit être par la suite notifié aux parties. Le jugement publié invite les créanciers à déclarer leurs créances. Cette publicité du jugement est importante, car elle détermine la situation de certains créanciers et marque le point de départ pour ceux-ci, de l'impossibilité de voir leurs créances réglées. La publicité du jugement n'est pas neutre, elle poursuit une finalité précise, afin d'éviter une certaine anarchie juridique; lorsque l'on parle de procédures collectives, cela implique l'instauration d'une rigueur.

Le but de la publicité des jugements est d'assurer la protection des créanciers et des tiers contre l'excès d'une opacité qui, poussée dans ses conséquences extrêmes, compromettrait la sécurité de la procédure collective. Toutefois, le législateur n'a pas

---

59 - 1ère Civ. 25 avril 2006; BICC N° 645 du 1er Août 2005.

60 -Article 306 (4 et 5) du Code Pénal.

61 -Cf. GUYON (Y.), « La transparence dans les procédures collectives », in P.A., 21 Avril, n°79, P.9.

cru bon d'organiser la révélation de tous les jugements aux créanciers et aux tiers[62]; la publicité va donc se cantonner à quelques jugements seulement[63].

Cette publication du jugement incitera donc le juge, craignant les critiques du public, à être juste et impartial dans la prise de sa décision. Ce qui est un atout dans la protection des droits du prévenu ou de l'accusé.

CONCLUSION CHAPITRE I

Les textes internationaux, à l'instar de la Convention européenne de sauvegarde des Droits de l'Homme tout comme nos différentes législations et codes de procédure sont clairs sur les règles qui établissent l'affirmation du principe de la publicité dans la transparence des procédures judiciaires.

La publicité étant un principe fondamental d'un procès équitable, l'étude nous a permis d'évoquer son contenu à travers l'analyse de son fondement et de sa réalisation. De même, nous avons relevé les types de publicité des procédures judiciaires à savoir, la publicité des débats et celle des jugements.

Ceci étant, les acteurs de la justice et les médias se doivent, d'assurer l'information nécessaire du public sans abus pour une meilleure transparence des procédures judiciaires.

Quoi qu'il en soit, la publicité est un vecteur essentiel pour la transparence des procédures judiciaires du monde des affaires avec son particularisme, mais il se pose alors la question de son étendue.

62- Jugement portant suspension des poursuites, le jugement déclarant l'inopposabilité de la période suspecte, la décision du juge-commissaire autorisant les licenciements, le jugement condamnant les dirigeants ou certains d'entre eux à combler le passif social (ou de la personne morale).

63- V., le jugement d'homologation du concordat de règlement préventif, le jugement d'ouverture du redressement judiciaire et de la liquidation des biens, le jugement d'homologation du concordat, le jugement de clôture pour extinction du passif, le jugement de clôture de l'union, le jugement de clôture pour insuffisance d'actif...

CHAPITRE II:
LE PARTICULARISME DE L'EXIGENCE DE PUBLICITÉ DANS LA TRANSPARENCE DES PROCÉDURES JUDICIAIRES

La publicité des débats et du prononcé du jugement est bien un principe fondamental[64]. L'exigence de publicité doit s'apprécier selon l'ensemble du procès en prenant en considération la spécificité des différentes phases de la procédure. La transparence des procédures devrait être privilégiée. Nous pensons d'ailleurs que cette transparence devrait se matérialiser par le renforcement de l'oralité des procédures judiciaires. C'est pourquoi, nous pensons que, pour accroître davantage la transparence et insérer le principe démocratique dans les procédures judiciaires, nous souscrivons à la publicité de toutes les audiences, sauf si celle-ci menace l'intérêt de la moralité, de l'ordre public et de la sécurité nationale dans une société démocratique[65].

Cependant, l'État doit assurer la protection des informations issues de sources supérieures, surtout si ces normes sont d'ordre public. « *Noyau dur du système juridique, l'ordre public est l'ensemble des règles que la société conscience collective juge indispensable au bon fonctionnement de la société* »[66]. Cette définition présente l'avantage de bien montrer que l'ordre public révèle et consacre ce qu'il y a, dans une société, de plus précieux et de plus vital. Ainsi, dans le souci d'accroître la transparence des procédures judiciaires, il serait judicieux pour nous d'étudier le particularisme de l'exigence de publicité à travers son étendue (**Section I**) et l'existence particulière d'un régime de responsabilité du greffier pour non accomplissement des formalités de publicité (**Section II**)

---

[64] -CEDH, Arrêt Werner c. Autriche, 29 novembre 1997, *JCP* 1998, I, 107, n° 27 obs. SUDRE (F.), Rev. Sc. Crim. 1998, p. 393, obs., KOERING-JOULIN.

[65] -La convention Européenne des Droits de l'Homme dans son art. 6 qui impose la publicité des débats sauf décision du juge qui estimait qu'il y a atteinte à la moralité, l'ordre public, l'intérêt de la sécurité nationale dans une société démocratique, l'intérêt de la justice ainsi que la protection de la vie privée et surtout celle des entreprises.

[66] -Cf. LEBRETON (G.), « Ordre public et dignité de la personne humaine: un problème de frontière », *in L'ordre public: ordre public ou ordres publics? Ordre public et droits fondamentaux*, sous la direction de REDOR (M.-J.), Bruylant 2001, p. 352.

SECTION I: L'ÉTENDUE DU PARTICULARISME DE L'EXIGENCE DE PUBLICITÉ DANS LA TRANSPARENCE DES PROCÉDURES JUDICIAIRES

Le droit à la publicité, comme moyen d'une justice impartiale, n'est pas pour autant une panacée. Ce n'est pas parce que les débats seront publiés que le public va pouvoir agir efficacement. Il reste parfois impuissant. Un État totalitaire ou même démocratique peut organiser des techniques pour améliorer les règles de publicité des procédures judiciaires en vue d'un accès massif aux journalistes du monde entier, une ouverture aux observateurs des organisations non gouvernementales, voire des auxiliaires de justice. Ce qui nous invite à étudier la manifestation d'un droit sans silence des parties avant et en cours du procès (**Paragraphe I**) et la reconnaissance d'un particularisme de l'exigence de publicité à certains auxiliaires de justice (**Paragraphe II**) en vue d'assurer une meilleure transparence en la matière.

PARAGRAPHE I: LA MANIFESTATION D'UN DROIT SANS SILENCE DES PARTIES AVANT ET EN COURS DU PROCÈS

Le code de procédure pénale met un accent considérable sur les droit des parties en générale que ce soit à la d'instruction (A) ou au moment du jugement (B).

A- Au cours de l'information judiciaire

En contre partie des pouvoirs exorbitants conférés au juge d'instruction, une part importante est consacrée aux droits de l'inculpé[67]. Dès la première comparution, le juge d'instruction est tenu d'informer ce dernier des faits qui lui sont reprochés et de la loi pénale applicable[68]. Ensuite, l'inculpé est informé de sa liberté de ne faire aucune déclaration sur le champ et de son droit de se défendre seul ou avec l'assistance d'un ou de plusieurs avocats[69]. Au cas où il en choisit plusieurs, il est tenu de faire connaître le nom et l'adresse de celui à qui toute convocation et notification devront être adressées[70]. Si d'après le choix, il décide de faire des déclarations sur le champ et ce, à l'absence de l'avocat, le juge d'instruction se borne à les enregistrer sans lui poser des questions relatives à sa responsabilité pénale[71].

---

[67] ASSONTSA (R.) & KAMNANG KOMGUEP (I.F.), « L'avenir de l'avocat depuis la reforme de la procédure pénale au Cameroun », *Revue de la recherche juridique Droit prospectif, P.U.A.M, N° 133, 2010, p. 1561.*

[68] - Article 167 du Cpp.

[69] - Article 170 (2) (a et b) du Cpp.

[70] - Une disposition pareille existait dans le cadre du Code d'instruction criminelle.

[71] - Article 170 (5) du Cpp.

A raison dans la mesure où au cours de cette interrogatoire de première comparution, aucun dialogue ne s'établit entre l'inculpé et le juge qui ne fait que donner des avertissements prévus par la loi, sans que l'inculpé soit mis à même de formuler les observations sur les faits à lui imputés. C'est dans ce sens que l'article 171 al 1er du Cpp prévoit que: *« Si l'avocat de l'inculpé assiste à la première comparution, le juge d'instruction n'est pas tenu de lui communiquer le dossier à l'avance »*. Il en irait autrement qu'en cas d'urgence de flagrance ou de renonciation. Le conseil dont le rôle passif semble se réduire à l'assistance, aurait alors pour mission de constater que le juge d'instruction n'emploie ni ruse ni artifice malhonnête pour obtenir de l'inculpé des révélations sur les faits. Dans ces conditions, la techniques qui consiste pour le magistrat instructeur à poser des questions au suspect en l'absence de son avocat, et de ne l'inculper que par la suite qu'on pourrait appeler *« inculpation par sondage »*, devrait être proscrite et paralyser par le jeu de la nullité car elle met en difficulté l'avocat qui arrive alors que l'horizon du procès est déjà défini. On nous objectera que tout reste à faire dans la phase du jugement.

B- Au cours du jugement

Au cours de cette phase du procès pénal, le droit à l'assistance d'un avocat reste fondamental pour les parties. Elles doivent pouvoir en jouir non seulement devant les tribunaux, mais aussi dans le cadre des voies de recours. Ainsi, le prévenu ou l'accusé doit en être informé. L'article 352 du Cpp en vertu duquel *« Le prévenu qui comparait peut se faire assister d'un conseil »* est en effet également applicable à l'accusé par le renvoi opéré par l'article 420 du même code. A côté de cette faculté, le Cpp met à la charge de l'Etat de fournir un avocat à l'accusé dans des cas particuliers. Le CIC en son temps admettait plus largement la représentation du prévenu aussi bien en simple police qu'en police correctionnelle et faisait de la comparution personnelle en matière de police criminelle un impératif.

Tout en admettant le principe de la comparution personnelle du prévenu, le Cpp quant à lui l'a tout de même assorti d'une dérogation. Ainsi, *« le prévenu cité pour une infraction punie d'une amende ou d'une peine d'emprisonnement inférieure ou égale à deux ans* peut par lettre, demandait à être jugé à son absence. Cette lettre est versée au dossier de procédure. S'il a un conseil, celui-ci est attendu dans les deux cas, le jugement est contradictoire[72].

Toutefois, pour assurer la transparence des procédures judiciaires, il est nécessaire d'informer les créanciers et les personnes qui ont traité ou qui voudraient

---

[72] - Article 350 al (1) (a) du Cpp.

traiter avec le débiteur, ce qui nous invite à étudier le particularisme de l'exigence de publicité reconnue à certains auxiliaires de justice.

PARAGRAPHE II: LA RÉCONNAISSANCE D'UN PARTICULARISME DE L'EXIGENCE DE PUBLICITÉ À CERTAINS AUXILIAIRES DE JUSTICE

L'exigence de publicité se comprend ici à travers les obligations d'information de certains débiteurs externes (A) qui doivent transmettre ladite information aux organes publics bénéficiaires (B).

A- les débiteurs de l'obligation d'information

L'obligation d'informer n'est pas seulement l'apanage d'un débiteur principal. Elle incombe également à d'autres acteurs que sont le greffier (**1**), l'expert et le syndic (**2**).

1- Le greffier

Le greffier[73] est un maillon essentiel dans la longue chaîne de distribution de l'information. Il est un officier public ministériel en service au sein d'une juridiction étatique. Il est chargé de la confection et de la conservation des dossiers de procédure et la délivrance de pièces aux justiciables. Il est traditionnellement la porte de sortie et d'entée dans une juridiction. Il constitue dans le cadre des procédures collectives l'un des organes chargés de la centralisation et de la distribution de l'information.

Il procède également à la publication de cette décision par son insertion au RCCM et dans les journaux. C'est par ses soins que lors d'une audience publique, le débiteur, le syndic, l'expert et les créanciers sont convoqués pour comparaître devant la juridiction compétente.

Dans la mesure où il conserve et centralise tous les renseignements sur le débiteur, le greffier est un creuset dans lequel les créanciers viennent puiser les informations utiles sur la situation économique et financière du débiteur.

Il est également la courroie de transmission entre la juridiction compétente et d'autres organes que sont l'expert et le syndic.

[73] - C'est un officier public ministériel placé à la tête d'un greffe au sein d'une juridiction.

2- L'expert et le syndic

Informé par la lettre recommandée avec accusé de réception ou par tout moyen laissant trace écrite du Président de la juridiction compétente ou du débiteur, l'expert de la procédure collective joue un triple rôle comme le souligne un auteur[74], celui du technicien, d'informateur et de conciliateur. Dans son rôle d'informateur, il doit établir un rapport sur la situation économique et financière du débiteur et ses perspectives de redressement pour le compte de la juridiction compétente. Il a également la charge d'informer cette dernière ou de lui signaler les actes posés par le débiteur de nature à rompre l'égalité entre les créanciers ou d'aggraver ses difficultés[75].

Le syndic quant à lui intervient principalement dans la liquidation des biens et dans le redressement judiciaire où il est considéré comme un organe ambivalent[76]. Son rôle d'informateur se dénote à l'ouverture des procédures collectives dans le redressement judiciaire où il doit adresser à cette autorité dans le mois de son entrée en fonction[77] et sur le caractère sérieux et pertinent du projet de concordat du débiteur. Il informe également le juge-commissaire sur l'avancement de la procédure.

B- les organes bénéficiaires du droit à l'information

Les aspects conflictuels et collectifs des procédures collectives appellent nécessairement l'intervention de la justice par la mise en place d'organes judiciaires dans son règlement. Il s'agit essentiellement des organes juridictionnels que sont les organes de siège (**1**), le Ministère public (**2**) et les personnes privées créancières du droit à l'information (**3**).

1- Les organes de siège

Il s'agit des organes à qui le législateur de l'OHADA a confié la prise de décisions dans le cadre des procédures collectives. On distingue à cet égard le Président et sa juridiction d'une part (**a**), le juge commissaire d'autre part (**b**).

a- Le Président et sa juridiction

Le président et sa juridiction sont concurremment désignés par l'AUPC comme des organes de décisions. En effet, la juridiction compétente ne statue qu'au travers des personnes qui la composent, notamment de son Président à qui, la demande est

---

74 - ANOUKAHA (F.)in « L'émergence d'un nouveau droit des procédures collectives d'apurement du passif dans les États membres de l'OHADA », *La revue du cerdip vol2, n°2 janvier-juin 2002.*

75 - Ibid.

76 - SAWADOGO (M.F.): *OHADA droit des entreprises en difficulté*, Bruylant, Bruxelles 2002, Juriscope, p.147.

77 - Sur le statut et les fonctions du syndic, voir les articles 35, 38, 41 à 46 de l'AUPC.

adressée. Ces deux organes sont appelés respectivement à se prononcer sur l'ouverture de la procédure notamment par une décision, de suspension de poursuites pour ce qui est du règlement préventif ou par celle constatant la cessation de paiement. À cet égard, la juridiction compétente doit avoir une connaissance exacte de la situation du débiteur. Le débiteur en retour, doit l'informer sur sa situation financière économique et sur les perspectives de son redressement.

À cet effet, le Président de la juridiction compétente désigne un expert pour que ce dernier recueille tous les renseignements nécessaires à ce propos notamment sur le caractère sérieux et pertinent du projet de concordat préventif. Le tribunal pourra dès lors sur la base des informations recueillies, homologuer ou non le concordat. Le Président de la juridiction doit de ce fait convoquer les créanciers par lettre recommandée, ou par tout moyen laissant trace écrite pour concilier les intérêts en présence après avoir reçu les observations et les revendications des parties.

La juridiction compétente est également bénéficiaire de nombreuses informations quand elle est saisie par l'assignation d'un créancier lorsque sa créance est certaine liquide et exigible. Dans ce cas, le requérant doit lui préciser la nature et le montant de sa créance et viser le titre sur lequel il se fonde.

Lorsqu'enfin le débiteur habilité à initier la procédure ne le fait pas, la juridiction compétente peut se saisir d'office sur la base d'informations fournies par le représentant Ministère Public, les commissaires aux comptes, les personnes morales, les représentants du personnel. Certains auteurs se sont interrogés sur l'opportunité de cette saisine d'office[78].

Mais on peut relever à cet égard que la procédure collective relevant de la matière commerciale, le Ministère Public ne joue en principe ici qu'un rôle accessoire au niveau du déclenchement de la procédure dans la mesure où l'action civile appartient aux parties qui ont l'initiative de la procédure. Il ne pourrait être que partie jointe à cette procédure pour veiller à la protection de l'ordre public. On comprend que c'est justement ce dernier critère qui a par exemple motivé le législateur français à reconnaître au Ministère public possibilité de saisir la juridiction compétente.

---

[78] - A l'instar du Professeur ANOUKAHA (F.) op cit. P.20. pour qui le rôle de saisine d'office cadrerait mieux avec le Ministère public qui est le défenseur de l'ordre public, des droits des faibles, des mineurs et des absents et de tous ce qui ne peuvent agir.

Au demeurant, la juridiction compétente est informée du déroulement de la procédure par le juge-commissaire dans le cadre du redressement judiciaire ou de la liquidation des biens.

b- Le juge-commissaire

Désigné par la juridiction compétente après homologation du concordat préventif pour en surveiller l'exécution, ou à l'ouverture du redressement judiciaire ou de la liquidation des biens[79], le juge-commissaire est un magistrat du siège exerçant au sein de la juridiction compétente. Véritable chef d'orchestre de la procédure qui vient d'être ouverte, il a droit à une large information. A ce titre, il recueille lui-même tous les éléments d'information qu'il juge utile au bon déroulement de la procédure. Il peut de ce fait, entendre les débiteurs ou les dirigeants de l'entreprise en difficulté, leurs préposés, les créanciers ou toute autre personne, y compris le conjoint du débiteur ou les héritiers connus du débiteur décédé en état de cessation de paiement. Il peut obtenir communication des renseignements de nature à lui donner une information exacte sur la situation économique et financière de l'entreprise. Il est en outre informé par le syndic qui doit lui remettre dans le mois de son entrée en fonction un rapport sommaire sur la situation du débiteur.

De façon générale, il est fait obligation au syndic de lui rendre compte de sa mission et du déroulement de la procédure au moins une fois par mois et dans tous les cas chaque fois que cela est nécessaire afin de pouvoir valablement informer le représentant du Ministère Public du déroulement de la procédure.

2- Le Ministère Public

Les procédures collectives intéressantes à plus d'un titre, le Ministère Public en raison de l'incidence qu'elles ont sur l'économie générale et sur l'ordre public. Son rôle s'est considérablement accru ces dernières décennies. Ainsi, son droit à l'information résulte des dispositions de l'article 35 de l'AUPC qui prescrit au greffier de lui adresser un extrait de la décision d'ouverture de la procédure collective.

Le juge-commissaire a également l'obligation de lui transmettre avec ses observations le rapport établi par le syndic par la situation du débiteur[80]. A cet égard, il peut requérir tous actes et documents à la procédure[81]. Il s'agit dès lors d'une

---

79 - Voir les articles 16 et 35 AUPC.
80 - Cf. Article 66 AUPC.
81 - Voire Article 47 AUPC.

immixtion de la justice en vue de la recherche d'un équilibre entre la protection de la société et la sauvegarde des intérêts des créanciers.

3- Les personnes privées créancières du droit à l'information

Les créanciers constituent les principaux bénéficiaires du droit à l'information car c'est vers eux que doit tendre la finalité de la procédure collective. L'information vise ici à préserver leur droit contre la mauvaise foi éventuelle du débiteur qui ne voudrait pas faire face à ses obligations. Elle tend également au respect du principe de l'égalité entre les créanciers pour que le paiement ne soit pas le prix de la course. Ayant prêté leurs concours au débiteur ne permettent pas souvent d'atteindre un tel objectif. De surcroît, le débiteur par des atermoiements divers en attend plus du créancier. Il s'agit dès lors de vaincre ce dernier sur le sérieux de son initiative, mieux sur la crédibilité de sa proposition de concordat.

Informés dès l'ouverture de la procédure collective par la publicité qui est fait de cette décision, les créanciers sont avertis de produire auprès du syndic leurs créances s'ils ne l'ont pas déjà fait dans les quinze jours de la première insertion de la décision d'ouverture dans un journal d'annonces légales[82]. Ils sont en outre avisés du dépôt de la proposition de concordat par le greffier par insertion dans un journal d'annonces légales en même temps que du dépôt de l'état de créances. Ceux munis de suretés réelles spéciales sont avertis d'avoir à faire connaître leurs observations s'ils acceptent ces propositions concordataires ou entendent accorder des délais et des remises différents de ceux proposés[83].

Les créanciers du droit à l'information constituent donc un maillon essentiel à l'ouverture de la procédure collective en face d'un débiteur qui, de par ses indélicatesses, voudrait obtenir de ses partenaires un répit ou une solution à ses problèmes économiques et financiers.

Cependant, lorsque les formalités de publicité ne sont pas respectées, les débiteurs externes de l'obligation d'information à l'instar du greffier trouvent leur responsabilité engagée.

---

82 - Cf. Art.79 AUPC.

83 - Cf. Art.119 AUPC.

SECTION II: L'EXISTENCE PARTICULIÈRE D'UN RÉGIME DE RESPONSABILITÉ DU GREFFIER POUR NON ACCOMPLISSEMENT DES FORMALITÉS DE PUBLICITÉ

Diverses sanctions sont susceptibles d'être infligées au greffier en cas de manquement à l'obligation d'information qui lui incombe. Dans le cas de notre analyse, il s'agira d'étudier la responsabilité pénale du greffier **(paragraphe I)** et la responsabilité civile et disciplinaire de ce dernier **(paragraphe II).**

PARAGRAPHE I: L'ENGAGEMENT DE LA RESPONSABILITÉ PÉNALE DU GREFFIER POUR ABUS DE FONCTION

Le possible engagement de la responsabilité du greffier témoigne du caractère non négligeable de ses pouvoirs[84]. Le législateur OHADA se contente d'évoquer cette responsabilité sans pour autant en fixer un régime précis. Il revient alors à chaque État d'en déterminer, à la lumière de ses propres lois. Ainsi, dans le contexte camerounais, cette responsabilité a été consacrée et peut s'analyser aussi bien à travers ses modalités (**A**) que sa répression (**B**).

A- Les modalités de la responsabilité pénale du greffier pour abus de fonction

Comme tout fonctionnaire, le greffier est responsable dans ses relations avec l'usager. C'est pour cela qu'il doit accomplir toutes ses fonctions avec probité qui sied à un personnage de l'administration de la justice. Mais au delà de ces impératifs moraux, un système a été prévu pour pouvoir mettre en œuvre la responsabilité du greffier car, ses actes peuvent être sanctionné s'il agit de manière répréhensible avec le justiciable ou tout simplement s'il commet des fautes dans son service.

Cependant, Le greffier étant un fonctionnaire au sens de l'article 131 du code pénal[85], il pourra tomber sous le coup de cette infraction. Il suffira que ses agissements

---

[84] - SAINT-EXUPERY faisait déjà remarquer que « *plus te voilà fort, plus tu prends les fautes à ta charge…* » (Cf. DE SAINT-EXUPERY (F.), La citadelle, ch. CXXI); dans le même sens le Professeur Maurice KAMTO, à la préface de l'ouvrage des magistrats EYIKE-VIEUX et YOUSSOUFA BOUKAR intitulé *Le contentieux pénal de la presse et de la communication audiovisuelle au Cameroun*, affirme qu' »il n'y a pas de pouvoir sans responsabilité: ce sont deux faces d'une même médaille ».

[85] -cet article dispose: « Est considéré comme fonctionnaire pour l'application de toute loi pénale, tout magistrat, tout officier public ou ministériel, tout préposé ou commis de l'État ou toute autre personne morale de droit public, d'une société d'État ou d'économie mixte, d'un officier public ou ministériel, tout militaire des forces armées ou de gendarmerie, tout agent de la sûreté nationale ou de l'administration pénitentiaire et de toute personne chargée même

aient pour but de porter atteinte aux droits ou intérêts privés, ou de se procurer ou de procurer à autrui un avantage quelconque [86]. L'infraction d'abus de fonction nécessite alors pour sa constitution non seulement un dol général mais aussi un dol spécial, l'élément moral de l'article 74 du code pénal étant également requis, ce d'autant plus que l'infraction d'abus de fonction nécessite pour sa constitution une intention de nuire.

Pour illustrer cette hypothèse, il suffit de s'imaginer que le greffier, dans le but d'empêcher le requérant de jouir des effets rattachés à l'immatriculation, refuse sans raison valable d'y procéder, en dépit de la décision du président de la juridiction compétente l'ordonnant de le faire de peur d'engager sa responsabilité pénale.

B- La sanction pénale pour abus de fonction

Une exploration de la galaxie des lois pénales camerounaises et plus particulièrement le code pénal, permet de relever quelques infractions susceptibles d'être retenues à l'encontre du greffier en cas de manquement de ses obligations d'information. Il en est ainsi notamment[87] de l'abus de fonction.

D'après l'article 140 du code pénal, « 1) Est puni d'un emprisonnement de trois mois à un an et d'une amende de 5000 à 50.000 francs ou de l'une de ces deux peines seulement, tout fonctionnaire qui abuse de ses fonctions pour porter atteinte aux droits ou intérêts privés. 2) Si l'infraction est commise dans le but de se procurer ou de procurer à autrui un avantage quelconque, la peine d'emprisonnement est de trois mois à trois ans et l'amende de 50.000 à un million de francs ».

À côté de la responsabilité pénale, le greffier pourra également voir engager sa responsabilité civile et disciplinaire.

occasionnellement d'un service, d'une mission ou d'un mandat public, agissant dans l'exercice ou à l'occasion de l'exercice de ses fonctions ».

86 -Voir pour un cas similaire Cour d'Appel de Yaoundé, arrêt n° 853/COR du 13 juin 1988; juridis Info n°05, janvier-mars 1991 p.064, notes OMBIONO (S.).

87 -L'adverbe « notamment » employé ici indique que cette énumération est loin d'être exhaustive. A titre d'exemple, le greffier pourra en outre se rendre coupable de corruption conformément à l'article 134 du code pénal s'il sollicite, agrée ou reçoit des offres, promesses, dons ou présents pour valider, refuser ou ajourner une immatriculation.

PARAGRAPHE II: LA RESPONSABILITE CIVILE ET DISCIPLINAIRE DU GREFFIER

La responsabilité pénale n'est pas le seul mode de responsabilité auquel peut être astreint le greffier fautif. Ce dernier peut également faire l'objet d'une responsabilité civile (**A**) ou même disciplinaire (**B**).

A- La responsabilité civile du greffier

La responsabilité civile du greffier peut être retenue en cas d'erreurs ou d'omissions commises par lui lors des inscriptions au registre ou en cas de refus de procéder à une inscription requise, lorsque ce refus cause préjudice au requérant. Il s'agit donc d'une responsabilité pour faute[88]. La question se pose cependant de savoir quelle est la nature de cette faute. Autrement dit, s'agit-il d'une faute professionnelle et, au-delà, d'une faute de service ou au contraire d'une faute professionnelle?

Le décret n°2011/020 du 04 février 2011 portant statut spécial des fonctionnaires de greffes ne contient aucune disposition sur la question. Il faudra alors se reporter au décret n°94/199 du 07 octobre 1994 portant statut général de la fonction publique modifié et complété par le décret n°2000/287 du 12 octobre 2000.L'article 93 alinéas 2 de ce texte définit la faute professionnelle comme « *un manquement par action, inaction ou négligence, aux devoirs et obligations auxquels est assujetti le fonctionnaire* »[89]. La faute personnelle quant à elle peut s'étendre soit comme une faute commise hors service, soit comme une faute intentionnelle d'une gravité particulière[90].

C'est dire en définitive que, s'agissant de la nature de la faute du greffier, une distinction s'impose: s'il s'agit d'une simple faute d'imprudence ou de négligence, on serait en présence d'une faute professionnelle ou de service[91]; dans ce cas, la responsabilité de l'État se substitue de plein droit à la sienne, sans possibilité d'exercice d'une action récursoire. Mais si au contraire la faute du greffier revêt les caractères d'une faute lourde[92] ou d'une faute dolosive commise avec l'intention de nuire, on serait alors en présence d'une faute personnelle; dans ce cas, l'État après avoir

---

88 -Il peut s'agir aussi bien d'une faute personnelle que d'une faute de service.

89 -Lire à ce sujet ASSONTSA (R.), « Notes sous Cour d'Appel du Centre, arrêt n° 321/Civ. Du 17 mai 2006, affaire sieur KAM Emmanuel c/ Dame NGUIAMGJO Micheline », Juridis Périodique n°72, octobre-décembre 2007, pp.114-115.

90 -Cf. DE LAUBADERE (A.), VENEZIA (J.C.) et GAUDEMET (Y.), *Traité de droit administratif*, LGDJ, T.1, 11ème éd., 1990, pp.772-773, cité par ASSONTSA (R.), op.cit., p.115.

91 -Voir l'exemple d'une jurisprudence française où un greffier avait commis une erreur lors d'une immatriculation en faisant mention de la qualité de locataire-gérant du requérant au lieu de celle de propriétaire du fonds, cette inexactitude ayant empêché l'assujetti de bénéficier du statut des baux commerciaux. Cf. Cass. 3èmeCiv., 4 mars 1998, Dalloz affaires 1998, 655, Rev. Dr. Imm. 1998, 305, obs. DERRUPE (J.), p.572.

92 -On désigne ainsi une faute commise sans intention de nuire, mais qui entraîne des conséquences considérables.

indemnisé la victime, pourra exercer contre lui son action récursoire aux fins d'obtenir restitution des sommes déboursées pour sa couverture.

Dans tous les cas et par référence au droit commun de la personnalité civile, il faudrait que la victime ait subi un préjudice ayant un lien de cause à effet avec la faute commise. Le greffier peut même en outre voir engager à son égard une procédure disciplinaire.

B- La responsabilité disciplinaire du greffier

Le greffier peut faire l'objet d'une sanction disciplinaire à la suite d'une procédure disciplinaire engagée par le président de la juridiction compétente.

Auparavant, les sanctions disciplinaires susceptibles d'être infligées au greffier figuraient à l'article 94 du décret n°94/199 du 07 octobre 1994 portant statut général de la fonction publique de l'État, eu égard à sa qualité de fonctionnaire. Ainsi pouvait-il faire l'objet d'un rappel à l'ordre[93], du retard à l'avancement pour une durée d'un an, de l'abaissement d'un ou de deux échelons au plus, de l'abaissement de grade ou de classe, de l'exclusion temporaire de service pour une durée n'excédant pas six mois, ou de la révocation. Ces sanctions qui étaient réparties en quatre groupes étaient infligées, conformément au statut général de la fonction publique, par des personnes distinctes en fonction de leur gravité[94].

Le décret n° 2011/020 du 04 février 2011 portant statut spécial des fonctionnaires de greffes a aménagé un régime spécial de responsabilité disciplinaire du greffier en instituant à cet effet, en son article 96, un conseil permanent de discipline des fonctionnaires de greffes au Ministère de la Justice. Ce conseil connaît des fautes professionnelles commises par les fonctionnaires de greffes et donne son avis sur toutes les sanctions disciplinaires susceptibles d'être prononcées à l'encontre des greffiers, à l'exception des sanctions d'avertissement écrit et de blâme avec inscription au dossier[95].

Les sanctions susceptibles d'être prononcées restent calquées sur celles figurant dans le statut général de la fonction publique, sauf qu'elles sont prononcées, conformément à l'article 102 du décret, par arrêté du ministre chargé de la justice après avis du conseil. Toutefois, la sanction de révocation est prononcée après avis du conseil par décret du Président de la République, sur proposition du ministre chargé de la

---

[93] -Avertissement écrit et/ou blâme avec inscription au dossier.

[94] -KAMLA FOKA (F.C.), *Le rôle du greffier dans la procédure d'immatriculation du registre de commerce et crédit mobilier*, Thèse de Master en droit des affaires et de l'entreprise, FSJP, Uds, 2009, p.72.

[95] - Cf. Art. 98 du décret n° 2011/020 du 04 février 2011 portant statut spécial des fonctionnaires des greffes au Cameroun.

justice pour les administrateurs de greffes. La décision infligeant une sanction disciplinaire doit être motivée et notifiée au fonctionnaire des greffes sanctionné.

S'agissant de la procédure, la poursuite disciplinaire est précédée d'une demande d'explication écrite adressée au fonctionnaire des greffes par le supérieur hiérarchique direct soit d'initiative, soit sur instructions du ministre chargé de la justice[96].

CONCLUSION CHAPITRE II

L'étude des dispositions communautaires et nationales souhaitables au particularisme de l'exigence de publicité dans la transparence des procédures judiciaires, nous a permis d'étudier la question de la transparence desdites procédures dans le monde des affaires.

À cet égard, on peut relever que le droit à l'information se nourrit d'un ensemble de rapports inter connexes qui font le lit de sa spécificité. On peut dès lors se rendre compte qu'il s'agit d'un enchevêtrement de relations ambivalentes. Les mêmes organes étant eux-mêmes débiteurs et créanciers du droit à l'information. Cependant, l'information est donnée dans le souci d'une part, de faire connaître sa situation économique et financière ou dans le sens d'amener le débiteur à le faire et d'autre part, une invitation à compromettre, à négocier par l'aval de la justice.

On peut dès lors comprendre le foisonnement des organes et des instruments protecteurs mis en place pour atteindre ce but. L'information constitue dès lors un mécanisme de protection des intérêts des différents acteurs dont le nombre est spécifiquement restreint.

---

[96] - Art. 105 du décret de 2011. Précité.

CONCLUSION PREMIÈRE PARTIE

L'analyse de la publicité comme garantie de la transparence des procédures judiciaires peut être faite à deux niveaux: au niveau de son affirmation dans la transparence des procédures judiciaires en ce qu'elle est affirmée comme principe fondamental d'un procès équitable consacré par les textes internationaux et au niveau du particularisme de son exigence dans le monde des affaires, en ce qu'elle matérialise le renforcement de l'oralité des procédures judiciaires[97].

Plusieurs facteurs sont à l'origine de la transparence des procédures judiciaires par la publicité. Le premier facteur, propre à l'affirmation de la publicité comme principe, concerne son existence dans l'institution judiciaire et ses typologies qui permettent de préserver la confiance des justiciables. Le second est le particularisme de l'exigence de publicité dans le domaine des affaires, qui concerne l'étendue du particularisme et l'existence particulière d'un régime de responsabilité du greffier pour non accomplissement des formalités de publicité.

Qu'à cela ne tienne, la transparence des procédures judiciaires au Cameroun devrait être privilégiée et être accompagnée des atténuations au principe de la publicité afin d'assurer la sérénité desdites procédures.

---

[97] - TCHOUAMBIA TOMTOM (L.J.B.), *La transparence dans les procédures collectives d'apurement du passif de l'OHADA*, Thèse de Doctorat Droit privé, UDS, Juillet 2013, p.404.

SECONDE PARTIE:
LES ATTÉNUATIONS AU PRINCIPE DE LA PUBLICITÉ GAGE DE LA SÉRÉNITÉ DES PROCÉDURES JUDICIAIRES AU CAMEROUN

L'analyse des atténuations du principe de la publicité comme gage de la sérénité des procédures judiciaires au Cameroun laisse percevoir de1 nombreuses failles relatives à l'effectivité de la publicité des procédures judiciaires.

En effet, la relativité du principe de la publicité est encore plus évidente lorsque les dérogations sont permises par l'accord des parties et souffre des limites prévues par les textes qui le consacrent.1

Cette situation nécessite qu'on prenne en compte le point de vue du législateur qui, pour la sérénité des procédures judiciaires a prévu des restrictions liées au principe de la publicité (**Chapitre I**) et cela se vérifie dans la pratique avec sa fragilisation liée à la nécéssaire protection des droits des parties au procès pénal (**Chapitre II**).

CHAPITRE I:
LES RESTRICTIONS AU PRINCIPE DE LA PUBLICITÉ DES PROCÉDURES JUDICIAIRES

Les restrictions des règles de publicité des procédures judiciaires sont prévues par les lois et règlements en vigueur au Cameroun. Dans la pratique, celles-ci demeurent parfois inappliquées par les autorités compétentes. Cette situation traduit en quelque sorte le fait que l'effectivité des limites de la publicité et de la justice est simplement textuelle. Le principe de la publicité comporte de nombreux tempéraments tenant soit aux spécificités de l'affaire soit aux nécessités de la procédure.

Il convient de présenter des restrictions des règles de publicité telles que prévues par les textes. Celles-ci se résument par l'existence du principe du secret des autorités judiciaires intervenant au cours de l'information judiciaire (**Section I**) et l'atteinte au principe de la publicité dans la phase du procès en cours (**Section II**).

SECTION I: LE PRINCIPE DU SECRET DES AUTORITÉS JUDICIAIRES INTERVENANT AU COURS DE L'INFORMATION JUDICIAIRE

Le secret est le principe et la publicité l'exception[98] car, ici prime le souci de découvrir la vérité, l'efficacité de l'instruction de l'affaire et, plus particulièrement pour la matière pénale afin d'éviter tout risque d'abus ou scandale public. Ainsi, pour combattre une fausse publicité, il faut lever le secret et assurer une publicité véritable et une bonne information judiciaire. Ceci étant, il s'agira d'étudier la manifestation du secret des autorités judiciaires au cours de l'information judiciaire (**Paragraphe I**) et mentionner sa portée (**Paragraphe II**).

PARAGRAPHE I: LA MANIFESTATION DU PRINCIPE DU SECRET AU COURS DE L'INFORMATION JUDICIAIRE

Il se manifeste du fait que la loi autorise le juge d'instruction à sortir du cadre strict de son cabinet pour une manifestation efficace de la vérité (**A**) et toutefois, le secret de l'instruction oblige à garder hors de l'atteinte du public, tout ce qui s'est

---

98 - DEPORTES (F.), « *le secret de l'instruction* », J-CI, proc.pén. art.11, 1998, p.4.

déroulé dans le cabinet du juge d'instruction et dans la phase de l'enquête de police (**B**).

A- le secret des investigations en déhors du cabinet du juge d'instruction

L'instruction préparatoire ou l'information judiciaire est l'ensemble des opérations de recherche des éléments d'information concernant une infraction. La charge de procéder à l'information est réservée au juge d'instruction sous le contrôle de la chambre de contrôle de l'instruction[99].

Le juge d'instruction peut être entendu comme le magistrat du siège[100] chargé principalement de rassembler les charges qui pèsent sur une personne soupçonnée au vue des résultats d'une enquête de police ou à l'analyse d'une plainte, d'être l'auteur d'une infraction pénale. L'instruction préparatoire est obligatoire pour les crimes; facultative pour les délits et contraventions[101]. Elle est écrite, non contradictoire et secrète.

L'exigence du secret de l'instruction ressort particulièrement de l'article 154 alinéa1 du CPP[102]. Par ailleurs, pour une meilleure marge de manœuvre, en dehors de la charge d'investiguer reconnue au juge d'instruction, l'article 51 du CPP dans ses trois alinéas énonce que: « *Le juge d'instruction peut (...) faire procéder soit par un officier de police judiciaire, soit par toute personne habilitée, à une enquête sur la personnalité, la situation matérielle, familiale ou sociale de l'inculpé(...) s'il se trouve dans l'impossibilité de procéder lui-même à tous les actes d'information, il peut donner commission rogatoire aux officiers de police judiciaire afin de leur faire exécuter tous les actes d'information nécessairement dans les conditions et sous les réserves prévues aux articles 191 et suivants du CPP* ».

Il en ressort que l'instruction dans le cadre des investigations est susceptible d'être menée par des acteurs incidents de l'information judiciaire, soit à cause d'une compétence particulière comme c'est le cas pour les experts, ou à cause d'une délégation de compétence. Étant eux aussi des professionnels, le secret professionnel de l'instruction leur est exigible et les conséquences y attachées aussi. Autrement dit, ils sont astreints à l'obligation de ne divulguer aucune information relative aux investigations qu'ils ont menées.

---

[99] - NGO NOLLA(P.P.), « Secret et procès pénal au Cameroun », DEA Droit privé, Université de Yaoundé II SOA, 2010, p.46.

[100] - Article 24 de la loi N° 2006/015 du 29 Décembre 2006 portant organisation judiciaire.

[101] - Article 25 de la loi N° 2006/015 précitée.

[102] - Article 154 alinéa 1 du CPP: « *L'information judiciaire est secrète* ».

B- le secret au déroulement des actes d'instruction dans le cabinet du juge

L'instruction est aussi secrète parce qu'elle est menée en chambre de conseil ou dans le cabinet du juge d'instruction. Le secret à ce niveau écarte de l'instruction: les autres collègues de ce juge n'y ont en principe, pas accès, les parties et le public. De ce fait, chaque personne entendue, c'est-à-dire la partie civile, le témoin, l'inculpé, comparaît isolément, séparément et successivement devant le juge d'instruction. Les débats ne doivent être ni divulgués, ni publiés, ni même communiqués aux tiers par les personnes qui l'ont dirigé ou qui y ont participé dans l'intérêt de la bonne administration de la justice car, elle ne peut être efficace que si sa marche, sa direction et ses opérations sont ignorées de tous ceux qui ont à fuir ou à cacher la vérité, à déformer la vérité ou à faire disparaître les indices, les instruments ou le fruit du crime ou délit.

Le secret sur le déroulement des actes d'instruction dans le cabinet du juge concerne *« Toute personne qui concoure à cette information et qui est tenue au secret professionnel sous peine des sanctions prévues à l'article 310 du code pénal*[103] *»*. Si l'un des protagonistes de l'instruction dévoile le contenu d'un acte de procédure et il commet une violation du secret professionnel. Il s'agit de manière évidente du juge d'instruction, et ses auxiliaires que sont les greffiers; les huissiers; les experts; les officiers de police judiciaire; les agents de police et les interprètes. Le procureur a une position ambivalente parce qu'il a accès au dossier de l'information judiciaire sans que le secret de l'instruction ne lui soit opposable. Le secret sur le déroulement des actes d'instruction dans le cabinet du juge porte sur le dossier de l'information. Il en va de soi que la procédure à la disposition du conseil doit être complète et porter sur toutes les pièces de la procédure à l'état où elle se trouve au lieu de la communication, l'inobservation de cette préinscription ne saurait néanmoins entraîner la nullité de la procédure lorsque aucune atteinte n'a été portée aux intérêts de la partie concernée, ni aux droits de la défense.

Le dossier de l'information est constitué de l'ensemble de tous les actes d'instruction préalablement écrits. Il s'agit des demandes et les déclarations des parties, celles des témoins, les expertises, les constatations faites, les éléments de preuve recueillis, les décisions prises, les impressions du magistrat sur l'attitude de l'inculpé ou des témoins. Parallèlement à l'obligation du secret professionnel. Fondamentalement, on ne saurait légitimement arguer qu'il y aurait des tiers à un procès pénal. Pourtant, il sied de rappeler que le procès procède à une abstraction

---

[103] - Article 310 alinéa 1 du CP: « Est puni d'un emprisonnement de trois(03) mois à trois(03) ans et d'une amende de vingt mille (20 000) à cent (100 000) francs, celui qui révèle, sans autorisation de celui à qui il appartient, un fait confidentiel qu'il n'a connu ou qui ne lui a été confié qu'en raison de sa profession ou de sa fonction ».

préalable de cette réalité juridique à sa phase préparatoire en excluant le peuple. Le secret des informations envisagé plus tôt leur est destiné. Aussi tandis que la loi impose à ceux qui concourent à la procédure préparatoire de garder secret, elle impose et implique que les tiers doivent respecter ce secret.

PARAGRAPHE II: LA PORTÉE DU SECRET DE L'INFORMATION JUDICIAIRE

Elle se manifeste par les atténuations du principe du secret de l'information judiciaire (**A**) et le manque de contrôle des dérogations à ce secret (**B**).

A- les attenuations du secret de l'information judiciaire

Le secret de l'information judiciaire est atténué par le même code de procédure pénale qui en a posé le principe. Ainsi, le CPP donne la latitude à tous les acteurs de cette phase de s'en défaire, en accordant au juge d'instruction, au procureur la possibilité de s'exprimer en tant que « *par dérogation aux dispositions de l'alinéa 1er de l'article 151, le juge d'instruction peut, s'il estime utile à la manifestation de la vérité, effectuer publiquement certaines de ses diligences pour faire donner par le Procureur de la République des communiqués sur certains faits portés à sa connaissance* ». Cette disposition vise certainement à permettre une information contrôlée du public à propos de la procédure en cours tout en s'assurant que ces autorités sauront distinguer entre les informations à divulguer et celles à conserver secrètes pour garantir le déroulement serein de l'instruction.

Compte tenu des prérogatives accordées au Ministère public, en matière de publicité d'information normalement secrète, il est fort à penser qu'au niveau de cette instance, le secret de l'instruction ne soit considéré comme une chimère[104].

B- le manque de contrôle des dérogations du secret de l'information judiciaire

Il n'existe pas d'autorité chargée du contrôle de l'opportunité de la publicité décidée par le juge d'instruction puisque le juge d'instruction est juge d'opportunité. Il semble que la latitude offerte au juge d'instruction ne fait pas partie des actes d'instruction qui sont susceptibles d'appel devant la chambre de contrôle de l'instruction.

---

[104] - Une mesure judiciaire séduisante mais en réalité semble irréalisable.

Par ailleurs, la protection des sources de l'information du journaliste ne permet pas de pouvoir imputer la fuite d'informations secrètes à un professionnel qui a failli à son obligation d'information. Ce qui nous amène à conclure avec le Professeur Albert MBIDA que: « *Si la protection des sources d'information du journaliste est une nécessité impérieuse en ce qu'elle constitue la pierre angulaire de la liberté de la presse dont elle est par ailleurs le corollaire, on doit aussi relever qu'il s'agit d'une idiotie juridique car, la consécration juridique de la protection secrète des sources d'information va permettre de couvrir la commission d'autres infractions telle que la violation du secret professionnel* ». La CEDH face à cette situation a admis dans un arrêt rendu en date du 29 Mars 2016 que « *Le secret d'instruction prime sur le droit à la liberté d'expression d'un journaliste ayant divulgué les informations couvertes par le secret dans une affaire pénale en cours* »[105].

Le Cameroun se veut être un État qui protège la liberté d'expression. À ce titre, la loi n°96/04 du 04 janvier 1996[106] opère à la suppression de la censure au profit du contrôle judiciaire. Ainsi, on est passé d'un contrôle préventif au contrôle répressif de la liberté de la presse. Ce dernier s'effectue après le dépôt administratif au plus deux heures après la parution du journal par le directeur de publication. Cette mesure paraît inappropriée parce que la violation du secret est permise, l'information contenue dans le journal pouvant largement être diffusée en moins des deux heures prescrites pour leur dépôt administratif, même si par la suite, elle est sanctionnée par la saisie de l'organe de presse, le retrait de la circulation de l'organe de presse.

Quitte à revenir au système de contrôle préventif ou de censure qui a eu cours pendant longtemps en étant décrié, nous suggérons qu'en la matière elle soit réinstaurée avec des gardes fous que constituerait une énumération stricte des cas de figure conduisant à cette censure. Plus simplement au lieu de motif comme « *Censure pour atteinte à l'ordre public ou aux bonnes mœurs* », il serait préférable de songer à une « *Censure pour cause de recel d'information ou de complicité de violation de secret professionnel* ».

Bien que la publicité dispose d'un caractère relatif laissant la place au secret, ce principe souffre des atteintes dans la phase du jugement proprement dite.

---

[105] - Arrêt N° 56925/08 du 29 Mars 2016, Bedât c/Suisse.

[106] - Loi modifiant et complétant la loi N° 90/052 du 19 Décembre 1990 portant liberté de la presse et communication sociale.

SECTION II: LES ATTÉNUATIONS AU PRINCIPE DE LA PUBLICITÉ EN COURS DU PROCÈS

Face à ce principe, les juridictions du fond doivent vérifier par elles-mêmes si la publicité est dangereuse[107] pour l'ordre afin d'assurer une sérénité des procédures judiciaires dans la phase du procès en cours à travers les limites à la publicité des débats (**Paragraphe I**) et à celle du prononcé des décisions (**Paragraphe II**).

PARAGRAPHE I: LES LIMITES À LA PUBLICITÉ DES DÉBATS

La publicité des débats doit demeurer un principe dans l'ordre juridique. Mais pour certaines raisons relatives à l'ordre public et à la moralité publique mais surtout à la préservation de la sérénité des débats, des droits de la personnalité des justiciables et leurs intérêts divers. Elle doit admettre des limites. Celles-ci peuvent se traduire par les limites tenant à la tenue des audiences en chambre de conseil (**A**) et l'admission de huis clos dans l'intérêt du prévenu ou de l'accusé en matière pénale (**B**).

A- la tenue des audiences en chambre du conseil

Les audiences peuvent se tenir en chambre du conseil en matières civiles et administratives.

D'une part, en matière civile, l'audience peut se tenir en chambre du conseil si la loi l'exige, pour éviter tout scandale, pour préserver la tranquillité des personnes: divorce, contentieux de la filiation, contentieux de l'autorité parentale, audition du dirigeant d'une société en liquidation des biens, menacée de faillite ou sanctions personnelles. De même, si la loi le permet le juge peut décider de renvoyer, en chambre du conseil s'il y a risque d'atteinte à l'intimité de la vie privée ou si toutes les parties le demande ou encore s'il survient des désordres de nature à troubler la sérénité de la justice.

Il en est de même pour la matière gracieuse lorsque les débats se déroulent en audience publique la demande doit nécessairement être examinée en chambre du conseil. L'ordre est assuré par le Président du tribunal au cours de l'audience publique.

La CEDH et sa jurisprudence admettent que dans les droits internes des pays liés par la convention, il y ait plusieurs cas dans lesquels l'exigence de publicité des débats

---

107 - Article 6 alinéa 3 de la loi N° 2006/015 précité qui prévoit que « Toutefois, en cas de disposition express de la loi, les débats, ont lieu hors la présence du public, en chambre du conseil. En outre, toute juridiction peut, d'office ou à la demande d'une ou de plusieurs parties et dans une affaire déterminée, ordonné le huis clos pour tout ou partie des débats, lorsque la publicité apparaît dangereuse pour la sûreté de l'État, l'ordre public ou les bonnes mœurs ».

ait été atténuée. Lorsque sont en jeu les intérêts de la moralité des débats, de l'ordre public ou encore la sécurité nationale lorsqu'il s'agit d'une société démocratique par exemple, le cas d'infraction aux mœurs dans les déviances sexuelles. On évite que les journalistes soient dans la salle et diffusent cette information (chambre du conseil). Lorsque la procédure concerne l'intérêt des personnes mineures, ou lorsqu'il y a une menace pour la vie privée des parties à la procédure, cela conduit la CEDH à systématiquement sanctionner les États qui admettent la présence du public lorsque le procès concerne des mineurs[108]. S'agissant de la protection de la vie privée, la CEDH est plus fluctuante en fonction des cas.

La CEDH au travers de sa jurisprudence admet que l'exigence de publicité puisse être non respectée à l'un des degrés de juridiction s'il apparaît qu'à un autre degré de juridiction l'exigence de publicité est respectée. La Cour admet « *que les parties à l'instance puissent elles-mêmes renoncer à la publicité des débats à condition que cette renonciation ne soit non équivoque et qu'elle ne résulte pas d'une contrainte* »[109] . En dernier lieu, la Cour admet que « *L'absence de publicité des débats puisse être fondée en droit interne sur la spécificité du contentieux en question qui serait dès la première instance un contentieux purement technique ne mettant en jeu aucun intérêt public* »[110].

D'autre part, certaines affaires sont traitées en chambre du conseil en matière administrative. C'est le cas d'une opposition à une ordonnance taxant les dépens (en ce cas les parties ne sont pas appelés, sauf si elles l'ont demandé); le contentieux fiscal des impôts personnels de même se traite en audience non publique. Toutefois, il, peut arriver que, toujours dans l'intérêt de la personne poursuivie, la publicité soit limitée en application des principes de bienséance et de moralité[111]. C'est ce qui justifie l'admission de l'huis-clos.

B- les cas d'admission du huis-clos dans l'intérêt de la personne poursuivie

Le deuxième volet de l'alinéa 1 de l'article 302 du Code de procédure pénale précise que « lorsque la publicité est dangereuse pour l'ordre public ou les bonnes mœurs, la juridiction peut, à tout moment, d'office ou à la demande de l'une des parties et après les réquisitions du Ministère Public, ordonner, par jugement avant-dire-droit, que les débats aient lieu en tout ou partie à huis - clos ou que leur publicité soit restreinte ». Ainsi, le Président de toute juridiction répressive peut interdire l'accès du public à

---

108 - Arrêt CEDH 16 Décembre 1999, T et V contre Royaume-Unis.
109 - Arrêt CEDH du 23 Juin 1981, le Compte VANLEVEN et DEMEYER contre Belgique.
110 - Arrêt HELMERES contre Suède du 29 Octobre 1991.
111 - KEMTA PEWO(C.), « *La procédure pénale camerounaise et la protection de la personne poursuivie* », Thèse de Master en Droit privé et sciences criminelles, FSJP, UDS, Avril 2015, p.80.

la salle d'audience par le huis-clos, total ou partiel, quand l'ordre public ou les bonnes mœurs risquent de souffrir d'une publicité complète[112]. Le huis clos peut être décidé par toutes les juridictions de jugement, y compris par celles qui jugent des mineurs car il se justifie essentiellement par les dangers qu'une trop grande publicité ferait courir, dans l'affaire jugée, aux intérêts du prévenu ou de l'accusé mineur ou à la vie privée des parties.

Il importe donc que la décision qui le prononce mentionne expressément ces dangers. Pour ce qui est précisément du mineur, le législateur prévoit, et à peine de nullité du jugement à intervenir, que le huis clos est obligatoire devant toute juridiction appelée à connaître d'une affaire dans laquelle un mineur est impliqué[113]. Pendant le huis clos, la procédure se poursuit comme à l'ordinaire, ce qui autorise l'accomplissement de tous les actes qui auraient pu être faits à l'audience publique.

Toutefois, les juges ne peuvent révéler la teneur et la presse ne peut elle-même rendre compte en toute liberté des décisions de justice, ce qui nous invite à étudier les sanctions liées à la publicité du jugement.

PARAGRAPHE II: LES SANCTIONS LIÉES À LA PUBLICATION DES DÉCISIONS DE JUSTICE

L'importance d'un principe est appréciée à la lumière de ses restrictions. Celles-ci, dans la phase du jugement proprement dite, se résume par une restriction au principe de la publicité à travers la possibilité d'annuler un jugement rendu en violation des prescriptions de confidentialité(**A**) et les publications interdites (**B**).

A- La sanction civile: la nullité

Si une affaire a été jugée en audience publique, alors qu'elle devrait être jugée en chambre du conseil, le jugement encourt la nullité. C'est aussi le cas si une affaire a été portée en chambre du conseil alors qu'elle devrait être publique. Cette nullité est le principe mais ne sera prononcée que très strictement.

De même, si la justice est rendue publiquement ou la décision doit être prononcée publiquement[114], toute violation entraîne la nullité d'ordre public de la procédure du jugement[115]. Il s'agit en procédure civile, faute d'entrer dans la liste apparemment limitative des vices de fond ou de forme, d'une nullité dont le régime est

---

[112] - MERLE et VIRTU, Traité de droit criminel, T. II, 4e éd. P. 700.
[113] - Article 720 alinéa 1 du CPP.
[114] - Article 6 alinéa 1 de la loi N° 2006/015 pré citée.
[115] - Article 6 alinéa 2 de la loi N° 2006/015 pré citée.

si rigoureux que la sanction peine à être appliquée. En procédure pénale par ailleurs, la jurisprudence de la Chambre Criminelle de la Cour de Cassation qui, exige une atteinte aux intérêts de la partie, empêche la sanction d'opérer de plein droit. Il faudrait justifier de l'existence d'un grief difficile à prouver[116]. La sanction de la publicité des procédures judiciaires bien qu'en décalage avec la valeur de principe directeur du procès civil, de principe général du droit et de garantie du procès équitable, est cependant jugée conforme par la Cour de Cassation, aux garanties du procès équitable[117].

Toutefois, l'exception de la publicité joue également un rôle de protection contre diffusion ou l'utilisation *« abusive »* d'une information au profit des prédateurs, qui pourraient profiter des informations reçues pour nuire à la réalisation judiciaire, c'est pour cette raison que le législateur a prévu des publications interdites.

B- la sanction pénale: les publications interdites

À l'issue des délibérations, le jugement peut être prononcé sur le champ. Dans le cas contraire, son prononcé peut être renvoyé à une date ultérieure afin que les juges puissent délibérer plus longuement. Ces derniers ne peuvent révéler la teneur du délibéré tout comme la presse ne peut elle-même rendre compte en toute liberté des décisions de justice. C'est le cas d'une procédure criminelle ou correctionnelle avant leur lecture en audience publique; l'identité de certains condamnés mineurs ou sans leur consentement, l'identité de certaines victimes d'infractions sexuelles. Ces circonstances sont justifiées en droit positif camerounais à travers l'article 198 alinéa 1er du Code pénal qui dispose: « *Est puni d'une amende de dix mille (10 000) à cinq cent mille (500 000) francs celui qui publie: Un acte de procédure criminelle ou correctionnelle avant qu'il ne soit lu en audience publique; un compte rendu des débats dans lesquels le huis clos a été ordonné ou des débats des juridictions pour enfants; une décision condamnant un mineur assortie de tout moyen permettant son identification; une information relative aux travaux des Commissions d'enquête parlementaire, sauf les communiqués émanant du bureau desdites Commissions avant le dépôt du Rapport général; une information relative aux travaux et délibérations du Conseil Supérieur de la Magistrature, sauf celles qui sont communiquées par le Président ou le vice-président du dit Conseil* ».

---

116 - Cass.crim, 15 juin 1999, Bull crim.n° 135 et 136; D. 1999, p.689, note Mayer et Chassaing: « si c'est à tort que l'affaire a été jugée en chambre du conseil et non pas en audience publique, l'irrégularité commise ne doit pas entraîner l'annulation de la décision, dès lors qu'il n'est pas établi, ni même allégué, qu'elle ait porté atteinte aux intérêts du demandeur ».
117 - Cass.civ. 2, 17 Mai 1993, D. 1993, IR, 145.

CONCLUSION CHAPITRE I

Les atténuations du principe de la publicité sont prévues par la loi et leur application par les autorités compétentes se doivent d'appliquer pour garantir la sérénité des procédures judiciaires au Cameroun.

En effet, la loi prévoit le secret des autorités judiciaires au cours de l'information judiciaire menée par le juge d'instruction dans son cabinet ou en dehors avec une portée considérable. Ce secret est accompagné des atteintes au principe de la publicité dans la phase du jugement proprement dite à travers les limites à la publicité des débats et au prononcé des décisions de justice.

Cependant, dans la pratique, les autorités judiciaires doivent tenir compte desdites restrictions pour garantir la protection des droits des parties au procès pénal en vue d'une répression plus efficace.

CHAPITRE II: LA FRAGILISATION DU PRINCIPE DE LA PUBLICITÉ LIÉE À LA NÉCESSAIRE PROTECTION DES DROITS DES PARITIES AU PROCÈS

L'objectif de simplification pour la matière pénale poursuivi à travers la protection des droits des parties, est globalement bien accueilli par les juristes. Il s'agit des atténuations de la publicité en matière pénale qui protège les droits des parties au procès, en vue de garantir la sérénité des procédures judiciaires. Ces droits permettent au défendeur et à la victime de l'infraction de concilier les intérêts dans la mesure où, il ne porte pas atteinte aux garanties procédurales reconnues à la personne poursuivie (**Section I**) et permet aussi de mentionner la protection des intérêts privés des justiciables (**Section II**).

SECTION I: LES RESTRICTIONS AU PRINCIPE DE LA PUBLICITÈ À TRAVERS LE RESPECT DES GARANTIES PROCÉDURALES RECONNUES À LA PERSONNE POURSUIVIE

À première vue, la reconnaissance de culpabilité pourrait être comprise totalement contraire aux intérêts et à la défense de la personne poursuivie. Mais, cette crainte perd de sa légitimité lorsqu'on analyse de plus près cette option comme atténuation au droit à l'information du public dès lors que la publicité se veut dangereuse ou porte atteinte aux droits des parties au procès pénal. En effet, cette situation a le mérite pour les juristes de préserver la présomption d'innocence (**Paragraphe I**) et d'assurer valablement le droit à l'information du public dans le respect des droits de la défense des parties (**Paragraphe II**).

PARAGRAPHE I: LA PRÉSERVATION DE LA PRÉSOMPTION D'INNOCENCE

La présomption d'innocence est le principe selon lequel, en matière pénale, toute personne poursuivie est considérée comme innocente des faits qui lui sont reprochés tant qu'elle n'a pas été déclarée coupable par la juridiction compétente. Il est à déplorer l'étalage devant la presse des personnes arrêtées dans des situations humiliantes, et présentées comme coupables par les autorités qui s'expriment. De même, au sujet des affaires plus retentissantes, des conférences de presse sont organisées mettant en péril la présomption d'innocence.

Compte tenu de ce qui précède, certains pensent que l'État devrait voir sa responsabilité engagée pour des conférences de presse provoquées par l'un de ces organes, au motif qu'elles peuvent amener la population, mais surtout les juges à avoir un préjugé défavorable au mis en cause. Telle a été la position de la Commission Africaine des Droits de l'Homme dans l'affaire KEN SARO WIWA et autres. Il s'agit dès lors d'étudier le respect de la présomption d'innocence dans le cadre des commentaires tendancieux (**A**) et mentionner son encadrement pénal (**B**).

A- le respect de la présomption d'innocence dans le cadre des commentaires tendancieux

A priori, l'on serait tenté d'affirmer que la reconnaissance par le prévenu ou l'accusé des faits qui lui sont reprochés est une violation de la présomption d'innocence, principe fondamental du procès pénal. Imaginée au XVIIIème siècle[118], elle est aujourd'hui affirmée avec force dans les instruments internationaux de protection des Droits de l'Homme[119] qui énoncent en des termes quasiment identiques que toute personne accusée d'une infraction est présumée innocente jusqu'à ce que sa culpabilité ait légalement établie au cours du procès public où toutes les garanties nécessaires à sa défense lui auront été assurées. L'une de ces précautions consiste à garder l'esprit que la personne poursuivie est présumée innocente tant que sa culpabilité n'a été établie par la juridiction compétente. Ce principe a une portée générale. Il s'impose à tous, même aux médias toujours portés à tout montrer ou à dire au public. C'est dire que les journalistes sont tenus dans le traitement de l'information, de préserver la présomption d'innocence des personnes poursuivies dont ils relatent les histoires en évitant des commentaires tendancieux réprimés à l'article 169 du code pénal. D'ailleurs s'il y a des manquements à ce principe de la part de la presse, ceux-ci ne peuvent se produire qu'à l'occasion du traitement de l'information, suivie de sa diffusion. Ce principe exige de la presse un traitement précautionneux de l'information à caractère judiciaire. Cet impératif est imposé par les textes juridiques internationaux ratifiés par l'État camerounais.

En même temps que la loi impose aux journalistes d'observer l'innocence des personnes poursuivies, elle leur donne pouvoir ou leur impose l'obligation d'informer

---

[118] - La présomption d'innocence a été consacrée pour la première fois à l'article 9 de la déclaration des Droits de l'Homme et du citoyen de 1789 élaborée suite à la révolution française.

[119] - Il s'agit de la Déclaration Universelle des Droits de l'Homme de 1948 (art 11- 1); du Pacte International sur les Droits civils et politiques (art 14- 2); de la Charte Africaine des Droits de l'Homme et des peuples (art 7 -1b); de la Convention Européenne de sauvegarde des Droits de l'Homme et des libertés fondamentales (art 6 – 2).

le public sur les faits de l'actualité[120]. Le respect de la présomption d'innocence est une entrave à la liberté d'informer et au droit à l'information du public puisque les journalistes comme les juristes devraient prendre des précautions oratoires tant que la personne poursuivie n'a pas épuisé toutes les voies de recours possibles même après une éventuelle condamnation.

Pour le magistrat EYIKE VIEUX, il n'y a pas de formules sacramentelles pour les comptes rendus d'audiences.

Seulement, le journaliste doit rester neutre et objectif: « la justice doit être rendue avec sérénité en évitant tout obstacle. Un principe fondamental sacro-saint et sempiternel gouverne le procès pénal: la présomption d'innocence (...) il peut donc arriver que le journaliste en rendant compte des audiences, par des moyens techniques rudimentaires ou modernes qu'il en vienne à nuire à la présomption d'innocence et à la vie privée ». Cette précision du magistrat nous invite à étudier l'encadrement pénal de la violation de la présomption d'innocence à travers les commentaires tendancieux.

B- l'encadrement pénal de la présomption d'innocence au regard des commentaires tendancieux

Les journalistes peuvent recevoir à communiquer. Dans ce cas, leur diffusion doit se faire par des organes d'information écrite; parlée ou télévisée; sous peine de sanctions pour commentaires tendancieux prévues à l'article 169 du CP. C'est à ce titre que l'annonce et le récit d'une infraction doivent être faits par le journaliste avec retenue et prudence. L'interpellation des suspects, les actes de l'enquête préliminaire ou de l'instruction peuvent être mentionnés et même relatés avec une précaution particulière. Ainsi, le journaliste peut par exemple éviter de présenter le mis en cause dans des postures humiliantes, d'affirmer son implication dans des infractions, de présenter son visage et son nom. Le journaliste qui ne se soumet pas à cette obligation est passible des sanctions en cas de diffusion portant atteinte soit à l'honneur, soit à la vie d'une personne protégée. Ainsi, l'article 169 du CP dispose: « *(1) Est puni d'un emprisonnement de quinze (15) jours à trois (03) mois et d'une amende de dix mille (10 000) à cent (100 000) francs, celui qui relate publiquement une procédure judiciaire non définitivement jugée dans les conditions telles qu'il influence même non intentionnellement l'opinion d'autrui pour ou contre l'une des parties; (2) le présent article n'est pas applicable aux comptes rendus d'une audience publique faits de bonne foi; (3) lorsque l'infraction est commise par la voie de presse écrite, de radio ou de*

[120] - La déclaration française des Droits de l'Homme et du citoyen a proclamé la liberté d'expression, reprise par la loi du 29 juillet 1881 en France et dans de nombreux systèmes juridiques dont le nôtre.

télévision, la peine est de trois (03) à deux (02) ans d'emprisonnement et l'amende de cent (100 000) à cinq millions (5 000 000) de francs ».

Si le législateur assure une publicité véritable en préservant la présomption d'innocence, il a aussi le mérite d'assurer le respect des droits de la défense.

PARAGRAPHE II: LE RESPECT DES DROITS DE LA DEFENSE

En vue de sauvegarder la dignité de la personne humaine poursuivie ou mis en danger par une publicité non véritable, l'on passe de la protection du service public de la justice à celles des parties au procès pénal, à travers le respect des droits de la défense. Il s'agit dès lors de présenter le respect des droits de la défense dans le cadre de la dissimulation d'une procédure (**A**) afin de mentionner son encadrement pénal (**B**).

A- le respect des droits de la défense dans le cadre de la dissimulation d'une procédure judiciaire

Les droits de la défense sont ceux que possède toute personne pour se protéger de la menace que constitue pour elle un procès. C'est aussi un ensemble de prérogatives accordées à une personne pour lui permettre d'assurer la protection de ses intérêts tout au long du procès. Ils comprennent entre autre le droit d'être informé de la procédure, celui d'être assisté d'un avocat, de se taire, et notamment celui d'avoir la parole en dernier[121].

Le droit d'être informé, qui concerne toutes les phases de la procédure y compris la phase policière, information faite immédiatement après le début de la procédure. L'information de la personne menacée d'une sanction doit être relatée. Ce dernier doit être mis au courant, à même de distinguer les griefs formulés à son encontre[122]. Ainsi, le principe des droits de la défense est tourné vers la recherche d'une relation équitable entre l'accusation et la défense. C'est dire que tout accusé a droit à être informé et de connaître le dossier de la procédure en prenant connaissance du contenu de la procédure le concernant, en consultant matériellement dans son intégrité à tout moment de l'instance. C'est le cas lorsqu'une personne est placée à garde à vue, les officiers de police judiciaire doivent immédiatement l'informer de la nature de l'infraction sur laquelle porte l'enquête ainsi que ses droits. Ces informations doivent être communiquées dans un langage que comprend la personne gardée à vue. De ce fait, si besoin est, il peut recourir à un interprète.

---

121 - FRISON – ROCHE (M. A.), Les droits de la défense en matière pénale, In Liberté et droits fondamentaux, 7ème éd. DALLOZ, 2001, p.511.

122 - Arrêt Dame TROMPIER, Conseil d'État, 5 mai 1944.

En effet, s'agissant d'une enquête préliminaire, le Ministère public dispose d'un pouvoir discrétionnaire dans le choix procédural, il appartient à l'autorité de poursuite et aux enquêteurs agissant sous sa direction de s'assurer que la protection de la personne poursuivie a été garantie notamment par une information sur la possibilité de contester l'irrégularité d'un acte ou bénéficier de l'assistance d'un conseil. C'est pour cette raison que toute partie ou personne qui utilise des moyens pour tenir son adversaire dans l'ignorance d'une procédure judiciaire dirigée contre lui est coupable de dissimulation d'une procédure prévue à l'article 167 du CP. Celle-ci vise à empêcher les droits de la défense d'une personne poursuivie tout en la privant des informations ou connaissances de la procédure mise en exergue contre elle. Ceci se comprend par le fait que par rapport à la publicité des décisions de justice, on peut établir une relation avec les droits de la défense en ce qu'elle permet l'exercice des recours. Par exemple, celui qui n'a pas été au courant du procès mais dont les intérêts sont lésés par la décision pourrait exercer un recours comme la tierce opposition. À cette occasion, il pourrait alors exiger la prise en compte de ses intérêts voire, ses droits de la défense en cas de dissimulation de la procédure judiciaire dirigée contre lui.

B- l'encadrement pénal des droits de la défense au regard de la dissimulation d'une procédure judiciaire

De manière générale, la dissimulation est le fait de cacher ce que l'on doit révéler; comportement qui peut être constitutif de dol (silence; réticence); de fraude; de recel; de complicité exemple: la dissimulation des revenus, de documents, des faits propres à éclairer la justice[123]. En procédure, c'est le fait pour toute partie qui utilise des moyens tenant son adversaire dans l'ignorance d'une procédure judiciaire dirigée contre lui. Ainsi, l'article 167 du CP dispose: « *Est punie d'un emprisonnement de trois (03) mois à deux (02) ans et d'une amende de vingt mille (20 000) à un million (1 000 000) de francs ou de l'une de ces deux peines seulement, toute partie qui, par l'un des moyens prévus à l'article 318 (1) (c) du présent code, tient son adversaire dans l'ignorance d'une procédure judiciaire dirigée contre lui* ».

Au-delà de tout ce qui précède, il résulte du CPP qu'en cas d'acceptation de la déclaration de culpabilité du prévenu ou de l'accusé par le tribunal, la parole est donnée à la partie civile ou à son conseil pour formuler sa demande en dommages et intérêts[124]. La partie civile est le nom donné à la victime d'une infraction lorsqu'elle exerce les droits qui lui sont reconnus à cette qualité devant les juridictions répressives[141]. Il convient toutefois de relever que la victime de l'infraction peut se constituer partie

---

[123] - CORNU (G.), *Vocabulaire juridique*, Association Henri Capitant, QUADRIGE/PUF, 2e éd, 2001, p.299.
[124] - Art. 361 al. 1 du CPP.

civile soit devant le juge d'instruction, soit à l'audience. Devant le juge d'instruction, elle le fait au moyen lésé par un crime ou par un délit, met l'action publique en mouvement devant le juge d'instruction et, le cas échéant, exerce l'action civile[125]. Cependant, d'autres mesures de protection des droits des parties au procès pénal peuvent être envisagées en cas de nécessité pour une sérénité efficace des procédures judiciaires.

SECTION II: LA FRAGILISATION DU PRINCIPE DE LA PUBLICITÉ LIÉE À LA PROTECTION DES INTÉRÊTS PRIVÉS DES JUSTICIABLES

Il s'agira ici d'étudier la protection des intérêts privés à travers le secret de correspondance (**Paragraphe I**) et l'exigence au personnel de la justice de respecter les délais d'information des parties (**Paragraphe II**).

PARAGRAPHE I: LE SECRET DE CORRESPONDANCE

Il semble acquis dans une société qui se veut démocratique, qu'il y ait opposition entre une sphère publique et une sphère privée. Le droit au respect de la vie privée est consacré par l'article 12 de la Déclaration Universelle des Droits de l'Homme qui dispose: « *Nul ne sera l'objet d'immixtions arbitraires dans sa vie privée, sa famille, son domicile, ou sa correspondance, ni d'atteintes à son honneur et à sa réputation. Toute personne a droit à la protection de la loi contre de telles immixtions ou de telles atteintes* ». Le droit au respect de la vie privée protège l'autonomie individuelle et confère à l'individu le droit de s'isoler de ses semblables, de se retirer dans sa sphère privée, loin de la vie publique, pour vivre selon ses vœux et ses attentes. Certaines garanties institutionnelles à l'instar du secret de la correspondance, confirme cet aspect du droit à la vie privée.

On distinguera la définition et ses caractéristiques **(A)** et la répression de la violation du secret de la correspondance (**B**).

A- la définition et caractéristiques du secret de la correspondance

Du mot latin « *correspondere* », qui signifie échange des informations et messages assimilés, la correspondance est l'ensemble des informations judiciaires des documents reçus ou expédiés. Le respect de la vie privée englobe, dans une certaine mesure, la faculté pour l'individu de nouer et développer des relations avec ses

---

125 - Art. 63 du CIC.

semblables et le monde extérieur y compris dans le domaine de la vie sexuelle[126]. Il y a lieu de rappeler que si l'article 8 de la Convention Européenne des Droits de l'Homme a essentiellement pour objet de prémunir l'individu contre les ingérences arbitraires des pouvoirs publics, il ne se contente pas de commander à l'État deb s'abstenir de pareilles ingérences: à cet engagement plutôt négatif peuvent s'ajouter des obligations positives[127]inhérentes à un respect effectif de la vie privée ou familiale. Elles peuvent impliquer d'adopter des mesures visant au respect de la vie privée jusque dans les relations entre les individus[128].

Il est déjà admis en droit camerounais que le secret de la correspondance est inviolable[129]. Toutes les correspondances sont visées ici, qu'elles soient écrites, électroniques ou téléphoniques. Les correspondances écrites encadrées par la loi n° 90/052 du 19 décembre 1990 sur la communication sociale au Cameroun, qui assure en outre sa protection[130].

Prenant le pas des articles 239 et suivants du Code de procédure pénale qui, offrent la faculté au juge d'instruction de prendre connaissance des correspondances de l'inculpé, la situation de la personne poursuivie en dehors de toute privation de liberté apparaît alors comme une contradiction absolue à cet état de droit. Dès lors, toute personne en examen dans le cadre d'une procédure pénale et ne faisant l'objet d'aucune privation de liberté, conserve son droit à l'inviolabilité de s a correspondance[131]. Bien que le terme de « correspondance » désigne à l'origine les échanges de lettres, il couvre aujourd'hui toutes les formes de communications à distance, c'est-à-dire les conversations téléphoniques, les télégrammes, télex, télécopies, le courrier électronique et les autres moyens de communication mécanique ou électronique. Protéger la correspondance, c'est respecter le secret des correspondances ne pourraient être opérées qu'en vertu des décisions émanant de l'autorité judiciaire. Toute rétention, censure, inspection, interception ou publication d'une correspondance privée est une immixtion contraire aux droits fondamentaux.

---

126 - CEDH, Arrêt X c/Pays-Bas du 26 mars 1985.

127- Quels peuvent être les contours de la notion d'obligations positives? Si on peut trouver dans les arrêts de la CEDH, tel celui rendu récemment dans l'affaire SILIADINJ c/ France (CEDH, Arrêt du 26 juin 2005) une systématisation de la jurisprudence en la matière, ces décisions n'offrent pas pour autant une définition générale de la notion d'obligation positive. Une telle définition peut néanmoins être aisément reconstituée à partir des espèces.

128- CEDH, Arrêt STUBBINGS et Al. c/ Royaume-Uni du 22 octobre 1996.

129 - Cf. préambule de la Constitution du 18/01/1996 qui dispose que: « Le secret de toute correspondance est inviolable. Il ne peut y être porté atteinte qu'en vertu des décisions émanant de l'autorité judiciaire ».

130 - Loi modifiée et complétée par la loi n° 96/04 du 04 /01 /1996 sur la liberté de la presse au Cameroun.

131 - JUEKOU BEUIYOM (E.), « L'option du mis en cause dans la phase provisoire du procès pénal », Thèse de Master en Droit et Carrières Judiciaires, FSJP, UDS, Février 2012, p.24.

B- la répression de la violation du secret de la correspondance

La répression de la violation du secret de la correspondance est aménagée par l'article 300 alinéa 1 du Code pénal qui dispose: « *Est puni d'un emprisonnement de quinze jours à un an et d'une amende de 5.000 à 100.000 francs ou de l'une de ces deux peines seulement, celui qui sans l'autorisation du destinataire supprime ou ouvre la correspondance d'autrui* ».

À la lecture, on pourrait s'imaginer que cet article ne prend en considération que les correspondances écrites. Mais une interprétation extensive nous conduit à y intégrer toutes les formes de correspondances telles qu'elles soient. En outre, la qualité d'agent public des magistrats de la justice et des agents des forces de l'ordre, constitue une circonstance aggravante en vertu de l'article 132 du Code pénal[132].

Cependant, n'oublions pas que le secret est l'exception et que la publicité est la règle qui encourage la confiance de la personne poursuivie dans la probité du système et la compréhension de l'administration de la justice. Bien que confrontées à la nécessité de préserver l'intégrité du système judiciaire, les préoccupations du prévenu à l'égard de sa vie privée ne justifient pas qu'on exclut le public de la procédure répressive. En plus de la publicité des débats et jugement, la protection du prévenu ou de l'accusé est également assurée par le droit pour ce dernier d'être jugé sans retard excessif[133].

PARAGRAPHE II: L'EXIGENCE DU RESPECT DES DÉLAIS D'INFORMATION DES PARTIES

Il s'agira d'étudier le respect des délais d'information au cours de l'enquête préliminaire (**A**) et dans la phase du jugement proprement dite (**B**).

---

[132] - Article 132 du CPP: « (1) Sous réserve des peines plus sévères s'il échet, est puni d'un emprisonnement de six (06) mois à cinq (05) ans, le fonctionnaire coupable de violences contre autrui; (2) les peines prévues aux articles 189 (copie de documents administratifs), 206 (documents et permis), 207 (certificats officiels),291(1) (arrestation illégale), 292 (travail forcé), 300 (violation de correspondance), 310 (secret professionnel), 315 (contrefaçon de certificat) du présent Code, sont doublées lorsque le coupable est un fonctionnaire ».

[133] - Ce droit a été défini par plusieurs traités et instruments internationaux. L'article 9 alinéa 3 du Pacte international relatif aux droits civils et politiques énonce à cet effet: « *tout individu arrêté ou détenu du chef d'une infraction pénale sera traduit dans le plus court délai devant le juge ou une autorité habileté par la loi à exercer des fonctions judiciaires et devra être jugé dans un délai raisonnable ou libéré ».L'article 14 alinéa 3(c) du même pacte dispose également que toute personne accusée a droit « à être jugée sans retard excessif »*. L'intérêt que l'Afrique attache au respect des droits de l'Homme et des libertés fondamentales, notamment celui d'être jugé dans un délai raisonnable se manifeste à travers la Charte Africaine des Droits de l'Homme et des peuples (article 7 paragraphe 1 (d)).

A- Au cours de l'enquête préliminaire

Lors de l'enquête préliminaire, l'officier de police judiciaire a l'obligation d'informer le suspect de son droit de se faire assister d'un avocat sous peine de nullité[134]. Les perquisitions effectuées dans un cabinet d'avocat sont soumises à un régime particulier, à peine de nullité. En outre, tout acte d'instruction accomplie en violation des dispositions sur l'assistance d'un avocat est nul et cette nullité au cours de l'information judiciaire, est soumise à un régime plus affiné. De plus, lorsque le prévenu comparaît à la première audience de flagrant délit, il est informé de son droit de demander un délai de trois (03) jours pour organiser sa défense. Et s'il use de cette faculté, le tribunal ordonne le renvoi. Mention de cette information et de l'option du prévenu doit être faite dans le jugement à peine de nullité. L'article 367 du Cpp prévoit la nullité de la procédure du jugement subséquent lorsque le tribunal ne respecte les trois options offertes au prévenu par les dispositions de l'article 366 du même code.

Quant aux effets, les actes annulés sont retirés des dossiers de la procédure et classés au greffe. Il est interdit d'y puiser des renseignements contre la personne concernée sous peine des poursuites en dommages et intérêts. Par dérogation, l'article 100 du Cpp prévoit que: *« Les objets saisis au cours d'une perquisition déclarée nulle peuvent être admis comme pièce à conviction s'il ne font l'objet d'aucune contestation»*.

Cependant, le droit d'être jugé dans un délai raisonnable se manifeste à travers la Charte Africaine des Droits de l'Homme et des peuples[135] comme pilier d'une justice protectrice.

B- L'obligation de publication sans délai excessif du juge dans la phase du jugement proprement dite

L'article 6 du Pacte international relatif aux droits civils et politiques énonce que: *«la justice doit être rendue sans retard excessif»*, c'est-à-dire dans un délai raisonnable.

En effet, le droit du justiciable au délai raisonnable de la procédure peut être considéré comme étant le troisième élément du droit au procès équitable. Il serait vain qu'une justice soit rendue au terme d'une procédure respectant le droit d'être entendue

---

[134] ASSONTSA (R.) et KAMNANG KOMGUEP (I.F.), *préc.*, p. 1569.
[135] -Article 7 paragraphe 1 (d).

publiquement et équitablement, si la décision n'intervenait que bien des années après l'introduction d'instance.

La justice ne doit pas laisser la personne poursuivie de manière indéterminée, dans l'incertitude de son sort. BECCARIA écrivait déjà à ce propos: « *Plus le châtiment sera prompt, plus il suivra de près le crime qui a été commis, plus il sera juste et utile. Je dis juste, parce qu'il épargnera au coupable les tourments cruels et superflus de l'incertitude, qu'accroissent la force de son imagination et le sentiment de sa faiblesse, et parce que la privation de la liberté est une peine qui ne peut précéder la sentence que si la nécessité l'exige* »[136]. L'incertitude de la décision pénale ne doit pas se prolonger indéfiniment et inutilement. D'autant qu'une accusation pénale a de nombreuses conséquences sur la réputation et l'honneur du prévenu[137], mais elle a également des conséquences sur sa vie familiale, sociale et économique.

C'est donc avec raison que le législateur incite les autorités judiciaires à respecter l'exigence selon laquelle la justice doit être rendue dans un délai raisonnable.

Cependant, cette exigence de célérité ne signifie pas que la justice est une course de vitesse ou une précipitation. Un temps nécessaire doit être accordé au prévenu ou à l'accusé pour faire valoir tous les éléments susceptibles de justifier sa cause et surtout au juge pour évaluer minutieusement la situation afin d'en trouver le juste milieu[138]. C'est ce qu'affirme Jean-Claude MAGENDIE lorsqu'il écrit: « *Si certaines lenteurs doivent être combattues, d'autres au contraire, méritent d'être conservées, parce qu'elles sont inutiles* »[139]. Ainsi, il est normal qu'une personne dont la liberté est en jeu puisse bénéficier d'un temps pour discuter le bien-fondé de l'accusation portée contre elle. Ce bénéfice est énoncé à l'article 14 (3-b) du PIDCP qui reconnait au prévenu ou à l'accusé le droit de: « *disposer du temps et des difficultés nécessaires à la préparation de sa défense et à communiquer avec le conseil de son choix* ».

Il faut d'emblée signaler que notre code de procédure pénale ne prévoit aucune action spécifique permettant de faire sanctionner la durée excessive d'une instance de jugement. À titre de droit comparé et au regard de l'article 6.1 de la Convention Européenne des Droits de l'Homme, c'est la Cour de Cassation française qui donne quelques éclaircissements pouvant servir d'exemple aux juges camerounais. Elle a

---

136 - BECCARIA (C.), Des délits et des peines, Flammarion, Paris 1991, p.108.

137 -ANAZETPOUO (Z.), « Les délais dans le nouveau code camerounais de procédure pénale ou l'annonce d'une ère nouvelle », *In annales de la Faculté des Sciences juridiques et politiques, Tome 14, 2010, p.284.*

138 - TIMTCHUENG (M.), Le délai raisonnable en droit processuel camerounais, Thèse de Doctorat, Sénégal, 2013, p.123.

139 -MAGENDIE (J-C.), Célérité et qualité de la justice: la gestion du temps dans le procès, Rapport au Garde des Sceaux, ministre de la justice, la documentation française, 2004, p.17.

décidé qu'une durée excessive n'entache pas de nullité la procédure et n'ouvre qu'un droit de réparation du préjudice subi qui a pu en résulter. Ainsi, l'action pour délai excessif de jugement est donc une action indemnitaire qui doit être portée devant le Tribunal de Grande Instance et devant la Cour Européenne des Droits de l'Homme. Cette dernière apprécie le caractère raisonnable ou déraisonnable du délai d'une procédure *in concreto* en fonction de trois critères: la complexité de l'affaire, le comportement de la personne poursuivie et l'attitude des autorités nationales.

CONCLUSION CHAPITRE II

L'étude de texte souhaitable à la protection des droits des parties au procès pénal, a consisté à proposer des règles législatives voire procédurales, en vue d'une sérénité des procédures judiciaires.

Ces textes législatifs sont d'une interprétation plus aisée des garanties procédurales reconnues au prévenu ou à l'accusé, à travers la préservation de la présomption d'innocence et le respect des droits de la défense. De même, la protection des intérêts privés des parties par le secret de correspondance et l'exigence du respect des délais d'information par les acteurs de la justice.

CONCLUSION SECONDE PARTIE

La réflexion sur les atténuations de la publicité comme gage de la sérénité des procédures judiciaires conduit à dire qu'il s'agit des atténuations simplement textuelles qui, pour plus d'efficacité, nécessitent certaines réformes tant au niveau législatif qu'organisationnel.

Celles-ci, auront pour conséquence la régulation plus efficace du secteur judiciaire en matière de publicité, à travers les restrictions et la protection efficace des droits des justiciables. De même, elles devront apporter des éclaircissements sur quelques zones d'ombres des dispositifs législatifs afin de maintenir la sérénité des procédures judiciaires au Cameroun.

CONCLUSION GÉNÉRALE

Au terme de nos analyses sur la publicité des procédures judiciaires au Cameroun, il ressort le constat selon lequel malgré la législation abondante en matière de publicité de la justice, cette activité est fréquemment pratiquée en violation de cette législation. Ceci étant, la réponse à la question de la garantie de la transparence et de la sérénité des procédures judiciaires au Cameroun par la publicité, fût le fil conducteur de nos différentes réflexions.

Dans un premier temps, ces réflexions ont porté sur le principe de la publicité gage de la transparence des procédures judiciaires à travers son affirmation comme principe de la transparence des procédures judiciaires au regard de son contenu et ses typologies avec les publicités des débats et des jugements. De même, l'accent a été mis sur le particularisme de son exigence dans la transparence des procédures judiciaires. Cette mesure de transparence porte sur l'étendue de son particularisme et l'existence particulière d'un régime de responsabilité du greffier pour non-accomplissement des formalités de publicité.

Dans un second temps, les atténuations de la publicité gage de la sérénité des procédures judiciaires ont été analysées. De ces analyses, de nombreuses insuffisances liées à ces atténuations ont été mises en exergue. Ces analyses ont été accompagnées des suggestions visant à améliorer la sérénité dans les procédures judiciaires au Cameroun. Ainsi, les restrictions au principe de la publicité ont été mentionnées à travers le principe du secret professionnel des autorités compétentes au cours de l'information judiciaire et les atteintes au principe de la publicité en cours du procès, qui découlent des limites à la publicité des débats et prononcé des décisions de justice. Cependant, toutes ces mesures de sérénité des procédures judiciaires ne sauraient aboutir si le législateur, qui édicte les règles relatives à la publicité de la justice n'est pas relayé dans ses fonctions par les autorités judiciaires compétentes qui devraient veiller à l'application desdites règles dans le but de protéger les droits des parties au procès pénal, à travers le respect des garanties procédurales reconnues au prévenu ou à l'accusé et par conséquent, mettre en pratique les mesures nécessaires à l'instar de la protection des intérêts privés des parties voire l'exigence du respect des délais d'information des parties par les acteurs de la justice.

En effet, dans la pratique, l'on observe de nombreuses violations des règles de publicité de la justice par les autorités compétentes. Une telle tolérance administrative trouve sa principale source dans les insuffisances de la loi. Ainsi, la répression de violation des règles de publicité des procédures judiciaires serait-elle plus efficace si les véritables pouvoirs étaient reconnus à certains organes de contrôle de l'administration de la justice camerounaise au regard de la diffusion exagérée des décisions de justice par la presse ou les médias.

Ainsi, une réforme législative dans le but de repenser les sanctions en cas de violation des règles de publicité des procédures judiciaires et la création d'un organe de contrôle judiciaire serait également indispensable pour l'assainissement de la justice en matière de publicité des procédures judiciaires au Cameroun.

BIBLIOGRAGHIE

I- OUVRAGES

1. **BECCARIA (C.)**, *Des délits et des peines*, Flammarion, Paris 1991.
2. **BALLE (F.)**, *Médias et sociétés*, 13ème édition Montchrestien, LGDJ, 2007.
3. **BEAUD (M.)**, *L'art de la thèse*, comment préparer et rédiger un mémoire de Master, une thèse de Doctorat, un mémoire de DEA ou de maîtrise ou tout autre travail universitaire, Paris, La Découverte, 1998, 179 pages.
4. **BESSON**, *Le secret de la procédure pénale et ses incidences*, Dalloz, 1959.
5. **CADIET (L.)**, *Dictionnaire de la justice*, Paris, PUF, 2004, 1362 pages.
6. **CADIET (L.), NORMAND (J.); AMRANI MEKKI (S.)**, *Théorie générale du procès*, Thémis Droit, PUF, 2010.
7. **CORNU (G.)**, *Vocabulaire juridique*, association Henri CAPITANT, 8e édition, PUF, 2007.
8. **DE LAUBADERE (A.), VENEZIA (J.C.) et GAUDEMET (Y.)**,*Traité de droit administratif*, LGDJ, T.1, 11ème éd., 1990.
9. **DERIEUX (E.)**, *Le droit des médias, droit français, européen et international*, LGDJ- Lextenso, 7e édition, 2015.
10. **DERIEUX (E.)**, *Droit de la communication*, Paris, LGDJ, 3e édition, 1999.
11. **DERIEUX (E)**, Droit européen et international des médias, Paris, LGDJ, 2003.
12. **DJIAZET MBOU MBOGNING (S.)**, *Le code camerounais de procédure pénale à l'épreuve des droits de l'Homme*, Cahiers de la quinzaine, Yaoundé n°15, Institut catholique de Yaoundé, Département de droit canonique, 2008, 55 pages.
13. **DRAGO (R.)**, *Droit comparé*, in **ALLAND (D.)**; **RIALS (S.)**, *Dictionnaire de la culture juridique*, PUF, 2003.
14. **EBA'A (G. R.)**, Les *grands moments de la justice au Cameroun de 1958 à 2010*, Yaoundé, Presse de l'Université catholique d'Afrique Centrale, 2010, 302 pages.
15. **EYIKE (V.)**, *L'audience en procédure pénale camerounaise*, Yaoundé, PUA, 2007.
16. **FRISON - ROCHE (M. A.)**, *Les droits de la défense en matière pénale*, In Liberté et droits fondamentaux, 7ème éd. DALLOZ, 2001.
17. **GARAPON (A.)**, *Bien juger, essai sur le rituel judiciaire*, Paris, Odile Jacob, 1994.
18. **GUILLIEN (R.) et VINCENT (J.)**, (Sous la direction de), *Lexique des termes juridiques*, Dalloz, 13e édition, 2001.
19. **KAMTO (M.)**, *Le droit de la presse au Cameroun* (étude comparative et prospective), Fondation Friedrich Ebert, Yaoundé, 1993.

20.**KEUBOU (P.),** *Précis de procédure pénale Camerounaise,* Yaoundé, Presses Universitaires d'Afrique, 2010.
21.**LADEGAILLERIE (V.),** *Lexique des termes juridiques*, ANAXAGORA, collection numérique.
22.**LARGUIER (J.),** *Procédure pénale*, Paris, 18e édition, Dalloz, 2001.
23.**LOMBOIS (C.),** *La présomption d'innocence*, POUVOIRS, 1990.
24.**MARTIN (R.),** V° *Principes directeurs du procès*, Dalloz, Rép. Proc. Civ., 2000.
25.**MASSONAT (J.),** *Techniques d'enquêtes en sciences sociales*, Paris, Larache, 1993.
26.MBUNJA (Y.), *Les revenants: le juge d'instruction*, Limbé, Edition Pro, Tome I, 2011, 296 pages.
27.MERLE et VITU, *Traité de droit criminel*, Tome II, 4e édition.
28.MINKOA SHE (A.), *Droit de l'Homme et droit pénal au Cameroun*, Paris Economica, collection « la vie du droit en Afrique », 1999.
29.MITTERMAIER (C.J.A.), *Procédure criminelle en Angleterre, en Ecosse et dans l'Amérique du Nord*, Paris, éd. E. Thorin, 1868.
30.MYAMA (J. M.), OHADA: *Droit des entreprises en difficulté*, Cerfod, édition 2004.
31.PERROT (R.), *Institutions judiciaires*, Paris, édition Montchrestien, 1998, 547 pages.
32.PONTHOREAU(M.C), *Réflexions sur la motivation des décisions juridictionnelles en droit administratif français*, RDP 1994.
33.PRADEL (J.), *Procédure pénale*, 9ème éd, CUJAS, 1997.
34.RAVAZ (B.); RETTERER (S.), *Droit de l'information et de la communication*, Paris, Ellipses, éditions Marketing S.A., 2006.
35.**TAISNE (J. J.),** *Institutions judiciaires*, mémentos, Droit privé, Dalloz, 5e édition, 1996.
36.**TAISNE (J. J),** *Institutions juridictionnelles: les juridictions; les gens de la justice; l'accès à la justice; l'œuvre de la justice*, Paris, Dalloz, mémentos, 12e édition, 2010, 283 pages.
37.**VINCENT (J.); GUINCHARD (S.),** *Procédure civile*, Paris, Dalloz, 26e édition, 2001, 1154 pages.
38.**YAWAGA (S.),** *L'information judiciaire dans le code camerounais de procédure pénale*, Yaoundé, PUA, collection Vade-Mecum, 2007, 226 pages.
39.**YAWAGA (S.)**; *La police judiciaire au Cameroun*, Yaoundé, PUA, 2009, 338 pages.

II- THÈSES ET MÉMOIRES

A- THÈSES

1. **DE MOULINS (C.),** *De la publicité et de la contradiction dans la procédure pénale*, Thèse, Toulouse, Les frères Doulodoure imprimeurs, 1921.
2. **DJIAZET MBOU MBOGNING (S.),** *L'accès à la justice au Cameroun: Étude de sociologie juridique*, Thèse de Doctorat, Université de Bangui, octobre 2004.
3. **NGONO (S.),** Le procès pénal camerounais face aux exigences de la charte africaines des droits de l'Homme et des peuples, Thèse pour le Doctorat en droit, Université de Paris 13, 2000.
4. **TCHOUAMBIA TOMTOM (L.J.B.),** « la transparence dans les procédures collectives d'apurement du passif de l'OHADA », Thèse de Doctorat Droit privé, UDS, Juillet 2013.
5. **TIMTCHUENG (M.),** *Le délai raisonnable en droit processuel camerounais,* Thèse de Doctorat Université Cheikh Anta Diop de Dakar, 2013.

B- MÉMOIRES

1. **DJOUMESSI CHOTI (A.S.),** *La protection de la personne poursuivie dans la phase préparatoire du procès pénal,* Thèse de Master en Droit et Carrières Judiciaires, FSJP, UDS, Février 2012.
2. **JUEKOU BEUIYOM (E.),** *L'Option du Mise en Cause dans la phase provisoire du procès pénal,* Thèse de Master en Droit et Carrières Judiciaires, FSJP, UDS, Février 2012.
3. **KAMLA FOKA (F.C.),** *Le rôle du greffier dans la procédure d'immatriculation du registre de commerce et crédit mobilier*, Thèse de Master en droit des affaires et de l'entreprise, FSJP, Uds, 2009.
4. **KANO TUGNOUA (R.),** *La publicité commerciale illégale au Cameroun*, Thèse de Master en droit des affaires, FSJP, UDS, Avril 2015.
5. **KEMTA PEWO (C.),** *La procédure pénale camerounaise et la protection de la personne poursuivie*, Thèse de Master en droit et carrières judiciaires, FSJP, UDS, Avril 2015.
6. **MAYO BOUMSONG,** *Le droit à l'information dans les procédures collectives d'apurement du passif de l'OHADA, DEA en droit communautaire et comparé CEMAC*, FSJP, UDS, Mai 2006.
7. **NGAMENI (H. B.),** *LA liberté de la presse au Cameroun*, Mémoire de Master II, Option droits fondamentaux, Université d'Auvergne, 2008.

8. **NGO NOLLA (P.P.),** *Secret et procès pénal au Cameroun*, DEA Droit privé option Sciences Criminelles, FSJP, Université de Yaoundé II SOA, 2010.

II- ARTICLES ET NOTES DE JURISPRUDENCE

1. **AMBASSA (L.C.),** « la présomption d'innocence en matière pénale *», Juridis Périodique n° 58, Avril – mai – juin 2004.*
2. **ANAZETPOUO (Z.),** « Les délais dans le nouveau code camerounais de procédure pénale ou l'annonce d'une ère nouvelle », *In annales de la Faculté des Sciences juridiques et politiques, Tome 14, 2010, p. 284.*
3. **ASSONTSA (R.),** « Notes sous Cour d'Appel du Centre, arrêt n° 321/Civ. Du 17 mai 2006, affaire sieur KAM Emmanuel c/ Dame NGUIAMGJO Micheline », Juridis Périodique n°72, octobre-décembre 2007, pp. 114-115.
4. **ASSONTSA (R.) et KAMNANG KOMGUEP (I.F.),** « L'avenir de l'avocat depuis la reforme de la procédure pénale au Cameroun », *Revue de la Recherche Juridique Droit prospectif,* P.U.A.M, n° 133, 2010, pp. 1561-1569.
5. **ANOUKAHA (F.***)* «L'émergence d'un nouveau droit des procédures collectives d'apurement du passif dans les États membres de l'OHADA *», La revue du cerdip, vol2, n°2, janvier-juin 2002.*
6. **AUBY (J. M.),** « le principe de la publicité de la justice et le droit public » *annales Fac. De droit et des sciences économiques de Toulouse*, T. XVI, Fasc. 1, 1968, p. 3.
7. **BOUGORGUE-LARSEN (L.),** « les résistances des États de droit », in RIDEAU (J.), « De la communauté de droit vers l'union de droit », Colloque de Nice d'Avril 1999, Paris, LGDJ, 2000, pp. 423-458.
8. **CARBASSE (J. M.),** « la place du secret dans l'ancien procès pénal, in le secret entre éthique et technique? », colloque international, décembre 1998, l'espace juridique, Histoire judiciaire, 2000, p. 207.
9. **DESPORTES (F.)** « le secret de l'instruction » J-C I proc. Pén, 1998, p. 4.
10. **DJEUKOU (J.),** « Droits de l'Homme et liberté de la presse au Cameroun: contribution à l'étude des délits de presse », in Afrilex n°4.
11. **DJILA (R.)** « Du droit d'être jugé sans retard excessif en procédure pénale camerounaise », *in Annales de la FSJP de l'UDS. Tome II, 1999,* pp. 49 et ss.
12. **DJOFANG (D. A.), «** Le nouveau visage de la cour suprême au Cameroun: vers une plus grande efficacité? » *Annales de la Faculté des Sciences Juridiques et Politiques,* Université de Dschang, 2012.
13. **LAURENT (M.),** « La mauvaise publicité » sens et contresens d'une censure, le temps des médias n° 2, *printemps,* 2004, pp. 151-162.

14.Le conseil de presse du Québec « Droit et responsabilité de la presse », 1000, Rue Racine *dans la reconnaissance de l'intérêt légitime à être informé*, 3e édition, Novembre 2003.
15.**MARON (A.),** « Tribunal correctionnel, publicité et police des audiences », J-CI, proc. Pén, n°7.
16.**NGUELE ABADA**, « Réception des règles du procès équitable dans le contentieux du droit public » *juridis périodique*, n°63, 2005, p. 20.
17.**SIPA (J.B.)** « plaidoyer pour une aide publique transparente juste et efficace à la presse privée », publiée sur www.Sjec-Cameroun.org/plaidoyer.html

ANNEXES

1. Extrait des dispositions de la loi n°2006/015 du 29 décembre 2006 portant organisation judiciaire au Cameroun.
2. Extrait des dispositions de la loi du 16 décembre 1954 portant code de procédure civile et commerciale.
3. Extrait des dispositions de la loi du 12 juillet 2016 portant code pénal.
4. Extrait des dispositions de la loi n°2005/007 du 27 juillet 2005 portant code de procédure pénale.
5. Extrait des dispositions de l'Acte uniforme portant organisation des procédures collectives d'apurement du passif adopté le 10 septembre 2015.
6. Décision du GERDiiC: Arrêt n° 56925/08 de la CEDH 29 mars 2016, Bédat C/Suisse sur la violation du secret de l'instruction par un journaliste.

ANNEXE 1

CHAPITRE I: DES DISPOSITIONS GENERALES

Article 6:

La justice est rendue publiquement et toute décision est prononcée publiquement.

Toute violation de l'alinéa 1er ci-dessus entraine nullité d'ordre public de la procédure de jugement.

Toutefois, en cas des dispositions express de la loi les débats, ont lieu hors présence du public, en chambre du conseil.

En outre, toute juridiction peut, d'office ou à la demande d'une ou de plusieurs parties et dans une affaire déterminée, ordonner le huis-clos pour tout ou partie des débats, lorsque la publicité apparaît dangereuse pour la sûreté de l'État, l'ordre public ou les bonnes mœurs. Dans ce cas, les débats ont lieu hors la présence du public et mention en est faite dans la décision qui est rendue publiquement.

Toute décision est rédigée avant son prononcé.

CHAPITRE V: DU JUGE D'INSTRUCTION

Article 24: le juge d'instruction est un magistrat du siège. Toutefois, il ne peut participer au jugement des affaires dont il a eu à connaître à l'information judiciaire.

Article 25:

L'information judiciaire est obligatoire en matière de crime, sauf dispositions légales contraires. Elle est facultative en matière de délit et contravention.

A l'information judiciaire:

Le juge d'instruction est assisté d'un greffier;

La signature des actes obéît aux dispositions de l'article 9 (1) ci-dessus;

La demande de mise en liberté est enregistrée le jour de son dépôt et copie comportant la mention de l'enregistrement est remise au déposant.

ANNEXE 2

TITRE DEUXIEME: DES AUDIENCES

Article 26 — (Art. 2 du D. du 27 novembre 1947).- Les audiences des tribunaux sont publiques, à moins que cette publicité ne soit dangereuse pour l'ordre ou les mœurs, auquel cas le tribunal le déclare par jugement préalable.

Dans tous les cas, les jugements en toute matière sont prononcés publiquement.

TITRE IV: DES JUGEMENTS

Article 38 — Les jugements sont rédigés en minutes. Ils énonceront qu'ils ont été rendus en audience publique et indiqueront clairement la date à laquelle ils ont été rendus. Ils contiendront les noms des magistrats et du greffier qui auront siégé.

Article 39 — Les jugements contiendront en outre les noms, profession, domicile des parties, l'acte introductif d'instance et le dispositif des conclusions, les motifs et le dispositif. Il y sera indiqué si les parties se sont présentées en personne ou par mandataire, ou s'il a été jugé sur mémoires produits.

Article 40 — (Art. 34 du décret du 27 novembre 1947).- Les jugements rendus en cours d'audiences foraines sont transcrits sans délai par le greffier ou, à défaut, par le juge sur un registre spécial, et contiennent en outre des énonciations ordinaires, le résumé des conclusions des parties. Ils indiquent aussi le nom de l'agent qui a été chargé de donner l'avis de comparaître, le délai qui a été fixé par le juge pour la comparution et le lieu où l'audience a été tenue, le tout à peine de nullité.

Article 41 — Le greffier écrit à l'audience sur un registre coté et paraphé par le Juge, le dispositif du jugement au moment même où il est prononcé; il prend également note sur son plumitif des incidents qui pourraient se produire au cours de l'audience.

Article 42 — Le président ou le juge de Paix et les greffiers signeront chaque jugement dans un délai maximum de cinq jours à compter du jour de son prononcé.

Il est expressément interdit au greffier de délivrer expédition d'un jugement avant qu'il ait été signé, sous peine d'être poursuivi comme faussaire.

ANNEXE 3

LIVRE II: TITRE Ier

DES CRIMES ET DESDELITS CONTRE LA CHOSE PUBLIQUE

DES ATTEINTES A LA SÛRETÉ DE L'ETAT

CHAPITRE III: INFRACTIONS COMMISES PAR LES FONCTIONNAIRES

DANS L'EXERCICE DE LEUR FONCTION

SECTION IV: INFRACTIONS CONTRE L'INTERET DES PARTICULIERS

Article 140: Abus de fonctions

(1) Est puni d'un emprisonnement de un à trois ans et d'une amende de 5.000 à 50.000 francs, ou de l'une de ces deux peines seulement, tout fonctionnaire ou Agent public étranger qui, abusant de ses fonctions, porte atteinte aux droits ou intérêts privés.

(2) Si l'infraction est commise dans le but de se procurer ou de procurer à autrui un avantage quelconque, la peine d'emprisonnement est de deux à dix ans et l'amende de 50.000 à 1 million de francs.

CHAPITRE IV:DES ATTEINTES A L'AUTORITE PUBLIQUE

SECTION III

INFLUENCE ET FRAUDE

Article 162: Déclarations mensongères

(1) Est puni d'un emprisonnement de quinze jours à trois mois et d'une amende de 5.000 à 50.000 francs, celui qui, par ses déclarations mensongères influe sur la conduite du fonctionnaire.

(2) S'il s'agit d'une déclaration faite à l'occasion d'un acte de naissance, de mariage ou de décès, la peine d'emprisonnement est de trois mois à trois ans.

(3) Au cas où les déclarations mensongères sont faites sous serment, la peine d'emprisonnement est de un à cinq.

(4) La peine est de un à cinq ans d'emprisonnement contre celui qui, par quelque moyen que ce soit, détermine l'inscription d'une condamnation au casier judiciaire d'un tiers autre que le condamné.

(5) La peine est de un mois à un an d'emprisonnement contre celui qui, par quelque moyen que ce soit, se fait délivrer indûment un extrait du casier judiciaire d'un tiers.

Article 167: Dissimulation d'une procédure

Est punie d'un emprisonnement de trois mois à deux ans et d'une amende de 20.000 à 1 million de francs ou de l'une de ces deux peines seulement, toute partie qui, par l'un des moyens prévus à l'article 318 (1) (c) tient son adversaire dans l'ignorance d'une procédure judiciaire dirigée contre lui.

Article 169: Commentaires tendancieux

(1) Est puni d'un emprisonnement de quinze jours à trois mois et d'une amende de 10.000 à 100.000 francs, celui qui relate publiquement une procédure judiciaire non définitivement jugée dans les conditions telles qu'il influence même non intentionnellement l'opinion d'autrui pour ou contre l'une des parties.

(2) Le présent article n'est pas applicable aux comptes rendus d'une audience publique faits de bonne foi.

Lorsque l'infraction est commise par la voie de presse écrite, de radio ou de télévision, la peine est de trois mois à deux ans d'emprisonnement et l'amende de 100.000 à 5.000.000 de francs.

SECTION VII

ENTRAVE A L'EXERCICE DES SERVICES PUBLICS

Article 198: Publications interdites

(1) Est puni d'une amende de 10.000 à 500.000 francs celui qui publie:

un acte de procédure criminelle ou correctionnelle avant qu'il ne soit lu en audience publique;

un compte rendu des débats dans lesquels le huis clos a été ordonné ou des débats des juridictions pour enfants;

une décision condamnant un mineur assortie de tout moyen permettant son identification;

une information relative aux travaux des Commissions parlementaires d'enquête, sauf les communiqués émanant du bureau desdites Commissions avant le dépôt du Rapport général;

une information relative aux travaux et délibérations du Conseil Supérieur de la Magistrature, sauf celles qui sont communiquées par le Président ou le Vice-président dudit Conseil.

(2) Est puni d'une amende de 10.000 à 3 millions de francs, celui qui rend compte des délibérations internes des Cours et Tribunaux.

(3) En cas de publication par voie de médias, les peines sont doublées.

(4) Est puni de la peine prévue à l'alinéa 2 ci-dessus celui qui, sans autorisation du Président de la juridiction, procède à:

tout enregistrement sonore;

toute prise de vue.

TITRE III

DES CRIMES ET DESDELITS CONTRE LES PARTICULIERS

CHAPITRE I

DES ATTEINTES A L'INTEGRITE CORPORELLE

SECTION III: DES ATTEINTES A LA TRANQUILLITE DES PERSONNES

Article 300: Violation de correspondance

(1) Est puni d'un emprisonnement de quinze jours à un an et d'une amende de 5.000 à 100.000 francs ou de l'une de ces deux peines seulement, celui qui, sans l'autorisation du destinataire, supprime ou ouvre la correspondance d'autrui.

(2) Le présent article n'est pas applicable aux conjoints ou aux père, mère, tuteur ou responsable coutumier à l'égard des enfants mineurs de 21 ans non émancipés.

Article 304: Dénonciation calomnieuse

(1) Est puni d'un emprisonnement de six mois à cinq ans et d'une amende de 10.000 à 1 million de francs, celui qui fait à une autorité publique ou privée une dénonciation fausse et susceptible d'entraîner des sanctions soit pénales, soit disciplinaires, à moins qu'il ne prouve qu'il avait de bonnes raisons de croire aux faits dénoncés.

(2) L'emprisonnement est de deux à cinq ans lorsque la dénonciation est anonyme.

(3) Si en suite de la dénonciation, une poursuite pénale est engagée devant une juridiction de jugement à l'occasion du fait dénoncé, il est sursis à la poursuite du chef de dénonciation jusqu'à décision définitive.

(4) La juridiction peut ordonner la publication du jugement.

Article 305: Diffamation

(1) Est puni d'un emprisonnement de six jours à six mois et d'une amende de 5000 à 2 millions de francs ou de l'une de ces deux peines seulement, celui qui, par l'un des moyens prévus à l'article 152, porte atteinte à l'honneur ou à la considération d'une personne en lui imputant directement ou non des faits dont il ne peut rapporter la preuve.

(2) Ces peines s'appliquent également aux auteurs des diffamations commises par voie de presse écrite, de radio ou de télévision, sans préjudice du droit de réponse ou du devoir de rectification.

(3) La vérité de l'imputation peut être prouvée sauf:

a) lorsqu'elle concerne la vie privée de la victime; ou

b) lorsqu'elle se réfère à un fait remontant à plus de dix ans; ou

c) lorsqu'elle se réfère à un fait constituant une infraction amnistiée ou à un fait ayant fait l'objet d'une condamnation autrement effacée.

(4) La poursuite ne peut être engagée que sur plainte de la victime ou de son représentant légal ou coutumier, mais, jusqu'à condamnation définitive, le retrait de la plainte arrête l'exercice de l'action publique.

(5) La prescription de l'action publique est de quatre (4) mois à compter de la commission du délit ou du dernier acte de poursuite ou de l'instruction.

(6) Le présent article est applicable à la diffamation dirigée contre la mémoire d'un mort lorsque l'auteur de la diffamation a eu l'intention de porter atteinte à l'honneur ou à la considération des héritiers, époux ou légataires universels vivants.

(7) Les peines sont réduites de moitié si la diffamation n'est pas publique.

(8) Les pénalités sont doublées lorsque la diffamation est anonyme.

Article 306: Exceptions à la diffamation

Ne constituent aucune infraction:

1. Les discours tenus au sein des assemblées législatives ainsi que les rapports ou toute autre pièce imprimée par ordre de ce parlement;

2. Le compte rendu des séances publiques de ces assemblées fait de bonne foi;

3. Les débats judiciaires, les discours prononcés ou les écrits produits devant les juridictions;

4. Le compte rendu fidèle et de bonne foi de ces débats et discours, à l'exception des procès en diffamation;

5. La publication des décisions judiciaires, y compris celles rendues en matière de diffamation;

6. Le rapport officiel fait de bonne foi par une personne régulièrement désignée pour procéder à une enquête et dans le cadre de cette enquête;

7. L'imputation faite de bonne foi par un supérieur hiérarchique sur son subordonné;

8. Le renseignement donné de bonne foi sur une personne à un tiers qui a un intérêt personnel ou officiel à le connaître ou qui a le pouvoir de remédier à une injustice alléguée;

9. La critique d'une œuvre, d'un spectacle, d'une opinion quelconque manifestée publiquement, à condition que ladite critique ne traduise pas une animosité personnelle;

10. L'œuvre historique faite de bonne foi.

ANNEXE 4

Livre II: DE LA CONSTATATION ET DE LA POURSUITE DES INFRACTIONS

Titre II: DE L'INFORMATION JUDICIAIRE

CHAPITRE I: DES DISPOSITIONS GENERALES

Article 142 — (1) L'information judiciaire est obligatoire en matière de crime, sauf dispositions contraires de la loi.

(2) Elle est facultative en matière de délit et de contravention.

(3) Elle est conduite par le Juge d'Instruction, magistrat du siège.

Article 143 — (1) Sous réserve des dispositions de l'article 157, le Juge d'Instruction ne peut ouvrir une information judiciaire que s'il est saisi par un acte du Procureur de la République.

(2) L'acte par lequel le Procureur de la République saisit le Juge d'Instruction s'appelle réquisitoire introductif d'instance.

Article 144 — (1) Le réquisitoire introductif d'instance est écrit. Il est pris contre une personne dénommée ou non dénommée.

(2) Il contient la qualification pénale des faits reprochés et la mention que l'action publique n'est pas éteinte par l'un des évènements visés à l'article 62.

(3) Il est daté et signé par le Procureur de la République.

Article 145 — (1) Le réquisitoire introductif d'instance est transmis au Juge d'Instruction par l'intermédiaire du Président du Tribunal.

(2) Le Procureur de la République peut, à toute étape de l'information judiciaire, par un acte appelé réquisitoire supplétif, requérir le Juge d'Instruction de faire tous actes qui lui paraissent nécessaires à la manifestation de la vérité, et, spécialement, de procéder à de nouvelles inculpations.

A cet effet, le Procureur de la République se fait communiquer le dossier de la procédure d'information, à charge de le rendre au Juge d'Instruction assorti de son réquisitoire supplétif, dans les quarante-huit (48) heures.

(3) Toutes les fois que le Juge d'Instruction communique le dossier d'information judiciaire au Procureur de la République, il prend un acte appelé ordonnance de soit communiqué. Cet acte est versé dans ce dossier.

(4) Si le Juge d'Instruction n'estime pas devoir procéder aux actes requis par le Procureur de la République, il rend une ordonnance motivée appelée ordonnance de refus de plus ample informé, et notification en est faite au Procureur de la République dans les vingt-quatre (24) heures.

Article 146 — (1) Lorsqu'il existe dans un Tribunal plusieurs juges d'instruction, le Président du Tribunal désigne pour chaque affaire soumise à l'information judiciaire, le juge qui en sera chargé.

(2) Le Procureur de la République peut, par requête motivée, et dans l'intérêt d'une bonne administration de la Justice demandé au Président du Tribunal le dessaisissement du Juge d'Instruction désigné au profit d'un autre.

(3) L'inculpé ou la partie civile peut également le demander par requête motivée adressée au Président au Tribunal.

(4) Le Président statue dans les cinq (5) jours par ordonnance motivée non susceptible de recours.

(5) En cas d'urgence et pour des actes spécifiques isolés, tout Juge d'Instruction peut, avec l'autorisation du Président, suppléer un autre Juge d'Instruction du même Tribunal pour les accomplir.

Article 147 — Dès réception du réquisitoire introductif d'instance, le Juge d'Instruction est tenu de rendre une ordonnance à fin d'informer.

Article 148 — Par dérogation aux dispositions de l'article 147, l'obligation d'informer cesse lorsque le Juge d'Instruction saisi constate que, pour des causes affectant l'action publique, les faits ne peuvent donner lieu à poursuites ou que les faits objet de la poursuite ne constituent pas une infraction pénale ou que le suspect bénéficie d'une immunité.

Article 149 — Le Juge d'Instruction rend une ordonnance de refus d'informer lorsqu'il se trouve en présence d'une des circonstances visées à l'article 148 ou lorsque l'action publique paraît éteinte pour l'une des causes prévues à l'article 62.

Article 150 — (1) Lorsque le Juge d'Instruction décide d'informer, il procède à tous les actes d'information qu'il juge utiles à la manifestation de la vérité.

(2) Il a pouvoir d'inculper toute personne identifiée ayant pris part à la commission de l'infraction comme auteur, co-auteur ou complice.

Article 151 — (1) Le Juge d'Instruction peut procéder ou faire procéder, soit par un officier de police judiciaire, soit par toute personne habilitée, à une enquête sur la personnalité, la situation matérielle, familiale ou sociale de l'inculpé.

(2) Les investigations du Juge d'Instruction doivent tendre à la recherche de tous les éléments favorables ou défavorables à l'inculpé.

(3) S'il se trouve dans l'impossibilité de procéder lui-même à tous les actes d'information, il peut donner commission rogatoire aux officiers de police judiciaire afin de leur faire exécuter tous les actes d'information nécessaires dans les conditions et sous les réserves prévues aux articles 191 et suivants.

Article 152 — Le Juge d'Instruction ne peut donner commission rogatoire à un officier de police judiciaire pour procéder en ses lieux et place aux inculpations, interrogatoires et délivrance des mandats de justice.

Article 153 — (1) Le Juge d'Instruction est assisté d'un greffier.

(2) Le greffier d'instruction est chargé de la dactylographie des actes d'information. Il notifie ou fait signifier aux personnes intéressées tous les actes de procédure soumis à cette formalité.

(3)

a) Les notifications ont lieu à personne.

b) A défaut, le greffier procède par lettre recommandée avec accusé de réception.

Article 154 — (1) L'information judiciaire est secrète.

Livre III: DES JURIDICTIONS DE JUGEMENT

Article 300 — (1) Lorsqu'il comparait à la première audience des flagrants délits, le prévenu est informé par le Président qu'il a le droit de demander un délai de trois (3) jours pour préparer sa défense.

(2) Si le prévenu use de cette faculté, le Tribunal ordonne le renvoi.

(3) Mention de cette information et de l'option du prévenu est faite dans le jugement sous peine de nullité.

Article 301 — (1) Si l'affaire n'est pas en état d'être jugée, le Tribunal la renvoie à la plus prochaine audience. Dans ce cas, il peut mettre le prévenu en liberté avec ou sans caution, assortie ou non d'une mesure de surveillance judiciaire.

(2) Si l'affaire est en état d'être jugée, le Tribunal procède conformément aux dispositions des articles 302 et suivants.

CHAPITRE II: DE LA PUBLICITE ET DE LA POLICE DE L'AUDIENCE

SECTION I: DE LA PUBLICITE DE L'AUDIENCE

Article 302 — (1) Les audiences sont publiques.

Toutefois, lorsque la publicité est dangereuse pour l'ordre public ou les bonnes mœurs, la juridiction peut, à tout moment, d'office ou à la demande de l'une des parties et après les (5) En cas d'urgence et pour des actes spécifiques isolés, tout Juge d'Instruction peut, avec l'autorisation du Président, suppléer un autre Juge d'Instruction du même Tribunal pour les accomplir.

Article 147 — Dès réception du réquisitoire introductif d'instance, le Juge d'Instruction est tenu de rendre une ordonnance à fin d'informer.

Article 148 — Par dérogation aux dispositions de l'article 147, l'obligation d'informer cesse lorsque le Juge d'Instruction saisi constate que, pour des causes affectant l'action publique, les faits ne peuvent donner lieu à poursuites ou que les faits objet de la poursuite ne constituent pas une infraction pénale ou que le suspect bénéficie d'une immunité.

Article 149 — Le Juge d'Instruction rend une ordonnance de refus d'informer lorsqu'il se trouve en présence d'une des circonstances visées à l'article 148 ou lorsque l'action publique paraît éteinte pour l'une des causes prévues à l'article 62.

SECTION II: DE LA POLICE DE L'AUDIENCE

Article 303 — Le Président assure la police de l'audience et la direction des débats.

A cette fin, des agents de la force du maintien de l'ordre sont mis à sa disposition pour la durée de chaque audience.

Article 306 — (1) L'emploi de tout appareil d'enregistrement ou de prise de vues est interdit sous peine des sanctions prévues à l'article 198 (2) du Code Pénal et, si nécessaire, de la confiscation des appareils dans les conditions prévues à l'article 35 du même Code.

(2) Par dérogation aux dispositions de l'alinéa 1er, le Président peut, par décision motivée, autoriser la sonorisation de la salle d'audience et l'usage d'appareils d'enregistrement ou de diffusion sonores pour permettre à un plus grand public de suivre le déroulement des débats.

CHAPITRE IV: DE LA PROCEDURE A L'AUDIENCE ET DES DEBATS

(2) Mention de ces formalités est faite au plumitif d'audience et dans le jugement par le Président.

Article 339 — Le Président et, le cas échéant, les autres membres de la collégialité, ne doivent pas laisser apparaître leurs sentiments ni exprimer leur opinion au cours des débats.

Article 340 — (1) Le renvoi est obligatoire lorsque le prévenu ou toute autre partie est absent et s'il ne ressort pas du dossier qu'i! a été régulièrement cité.

(2) Il en est de même lorsque le prévenu, régulièrement cité à personne, ne comparaît pas, mais présente une excuse reconnue valable.

Article 341 — Le renvoi est facultatif, soit lorsque les autres personnes convoquées ou citées sont absentes, soit à la demande de l'une des parties.

Article 342 — Le Président qui ordonne le renvoi doit indiquer à haute voix le motif et la date fixée pour la prochaine audience.

Article 343 — Le Tribunal ne peut renvoyer une affaire sine die sous peine de poursuites disciplinaires contre le magistrat, auteur du renvoi.

Article 344 — (1) Le renvoi prononcé en présence des parties qui ont comparu vaut notification du renvoi et de la date de la prochaine audience.

(2) Si le renvoi a été prononcé en l'absence d'une partie régulièrement citée, celle-ci peut s'enquérir de la nouvelle date d'audience au greffe de la juridiction.

Article 345 — En cas de suspension de l'audience, le Président doit fixer et indiquer l'heure et la date de la reprise.

Article 346 — Le Président peut, en vue de la manifestation de la vérité, ordonner la citation de toute personne non partie au procès ou la production de tout document ou objet.

SECTION II: DE LA COMPARUTION DU PREVENU

Article 347 — Le prévenu détenu est conduit à l'audience par la force de maintien de l'ordre. Il comparaît sans menottes.

Article 348 — (1) Le prévenu cité à personne est tenu de comparaître.

(2) Le prévenu doit également comparaître s'il est établi qu'il a eu connaissance de la citation faite dans les formes prévues aux articles 48 à 53.

Article 349 — Lorsque le prévenu cité à personne ne comparait pas et ne présente pas d'excuse reconnue valable par le Tribunal, la parole n'est donnée à son conseil que pour justifier son absence et le jugement à intervenir est contradictoire.

Article 350 — (1) Par dérogation aux dispositions de l'article 349:

a) le prévenu cité pour une infraction punie d'une amende ou d'une peine d'emprisonnement inférieure ou égale à deux ans peut, par lettre, demander à être jugé en son absence; cette lettre est versée au dossier de procédure. S'il a un conseil, celui-ci est entendu et, dans les deux cas, le jugement est contradictoire;

b) si le Tribunal estime nécessaire la comparution personnelle du prévenu, il l'ordonne par jugement avant-dire-droit et fixe une nouvelle date d'audience qui est notifiée au prévenu à la diligence du Ministère Public;

c) si le prévenu ne comparaît pas à cette date, le jugement rendu est contradictoire.

(2) Le jugement est également contradictoire lorsque le prévenu a comparu à une audience, même s'il n'assiste plus aux audiences de renvoi.

Article 351 — Lorsque le prévenu n'a pas été cité à personne, il est jugé par défaut s'il ne comparaît pas.

Toutefois, si le Tribunal estime nécessaire sa comparution personnelle, il l'ordonne par jugement avant-dire-droit et fixe une nouvelle date d'audience qui lui est notifiée à la diligence du Ministère Public.

Article 352 — Le prévenu qui comparaît peut se faire assister d'un conseil.

Article 353 — La partie civile, le civilement responsable et l'assureur peuvent se faire représenter. Dans ce cas, le jugement à intervenir est contradictoire à leur égard.

Article 354 — (1) Si le prévenu ne s'exprime pas dans rune des langues officielles comprises des membres de la juridiction ou s'il est nécessaire de traduire un document versé aux débats, le Président désigne d'office un interprète âge de vingt et un (21) ans au moins et lui fait prêter le serment d'interpréter fidèlement les paroles des personnes parlant des langues différentes ou de traduire fidèlement le document en cause.

(2) Les parties peuvent récuser l'interprète. Dans ce cas, la juridiction statue sur-le-champ et sa décision n'est susceptible d'aucune voie de recours.

Article 355 — (1) Lorsqu'un interprète ne donne pas une interprétation véridique et digne de foi, toute partie peut le relever et proposer au Tribunal le changement d'interprète.

(2) Le Tribunal peut également, d'office, relever qu'une interprétation n'est pas véridique et digne de foi et procéder, après avis des parties, au changement d'interprète.

Article 356 — Le greffier audiencier, les parties ou les témoins ne peuvent, même avec le consentement du prévenu, assumer le rôle d'interprète.

Article 357 — Si le prévenu est sourd-muet et ne sait pas écrire, le Président désigne d'office en qualité d'interprète, la personne qui peut converser avec lui. Les dispositions des articles 354 et 355 sont applicables.

Article 358 — Si le prévenu, sourd-muet ou atteint d'une infirmité qui ne lui permet pas de se faire comprendre sait écrire, le greffier prend note des questions ou observations qui lui sont faites. Celles-ci sont remises au prévenu qui répond par écrit. Lecture du tout est donnée par le greffier.

SECTION III: DU DEROULEMENT DES DEBATS

Article 359 — (1) Dès l'ouverture des débats, le Président, après avoir procédé aux formalités prévues à l'article 338, fait notifier au prévenu les faits qui lui sont reprochés et lui demande s'il plaide coupable ou non coupable.

(2) Le prévenu qui plaide coupable peut bénéficier, en cas de condamnation, des dispositions des articles 90 et 91 du Code Pénal.

Article 360 — Si le prévenu plaide coupable:

a) le Tribunal enregistre sa déclaration au plumitif d'audience;

b) le Ministère Public expose les faits de la cause, pose la qualification pénale et énonce les dispositions légales applicables;

c) la partie civile prend la parole pour ses observations sur les faits relatés par le Ministère Public;

d) la parole est donnée au prévenu pour faire toute déclaration qu'il désire;

e) le Tribunal se prononce sur la culpabilité.

Article 361 — (1) Si le Tribunal accepte le choix du prévenu qui a déclaré plaider coupable, il donne la parole à la partie civile ou à son conseil pour formuler sa demande en dommages et intérêts, puis au Ministère Public pour produire le casier judiciaire et requérir sur la peine applicable et éventuellement sur la demande des dommages et intérêts. La parole est ensuite donnée au conseil du prévenu, s'il en a un, puis au prévenu pour sa dernière déclaration.

(2) Après les réquisitions du Ministre Public, les plaidoiries et la dernière déclaration du prévenu, le Tribunal déclare les débats clos et fait application de l'article 388.

Article 362 — (1) Si le Tribunal estime que les faits tels qu'exposés par l'accusation doivent être autrement qualifiés, il précise la nouvelle qualification et la notifie au prévenu.

(2)

a) Si cette qualification relève de sa compétence, il demande au prévenu s'il plaide coupable ou non coupable et procède, selon le cas, comme il est indiqué à l'article 361 ou à l'article 365.

b) Le Tribunal peut d'office ou à la demande d'une partie, renvoyer la cause à une date ultérieure.

(3)

a) Si la nouvelle qualification ne relève pas de sa compétence, le Tribunal se déclare incompétent.

b) Les dispositions de l'article 394 sont applicables.

Article 363 — Si au cours des débats, des faits nouveaux sont relevés à l'encontre du prévenu, le Président les qualifie et procède comme il est indiqué à l'article 362 (1), (2) et (3).

Article 364 — Si le Tribunal n'accepte pas le choix du prévenu qui a déclaré plaider coupable, le procès se déroule conformément aux dispositions de l'article 365.

Article 365 — (1) Si le prévenu plaide non coupable, la juridiction entend les témoins du Ministère Publique et de la partie civile, dans les conditions prévues aux articles 328 et 330.

(2) A ce stade, nonobstant les dispositions de l'article 361, le Ministère Public ne fait état ni du casier judiciaire, ni des renseignements concernant la moralité de l'accusé.

(3) Si le Tribunal estime, après l'audition des témoins, les réquisitions du Ministère Public et, éventuellement, les observations de la partie civile, que les faits ne constituent aucune infraction ou que les preuves n'ont pas été rapportées, il prononce la relaxe du prévenu.

Article 366 — (1) Si le Tribunal estime que des éléments de preuve suffisants sont réunis pour que le prévenu puisse présenter sa défense, il lui offre trois options:

a) faire sans serment toute déclaration pour sa défense;

b) ne faire aucune déclaration;

c) déposer comme témoin sous serment.

(2) Le Président informe le prévenu que s'il choisit de ne rien dire ou de faire une déclaration sans serment, il ne lui sera posé aucune question et que, s'il décide de déposer sous serment, le Ministère Public, la partie civile et le Tribunal pourront lui poser des questions.

(3) Le Président informe en outre le prévenu que les déclarations faites sous serment ont plus de force probante.

(4) Le Président demande au prévenu s'il a des témoins à faire entendre ou d'autres éléments de preuve à présenter.

Article 367 — L'inobservation des formalités prévues à l'article 366 est sanctionnée par la nullité de la procédure et du jugement subséquent.

Article 368 — Si le prévenu plaide non coupable sur certains chefs d'accusation et coupable sur les autres, le Tribunal doit procéder comme s'il avait plaidé non coupable sur tous les chefs d'accusation.

Article 369 — Le prévenu qui a plaidé non coupable peut, à tout moment du procès, changer d'avis et plaider coupable, auquel cas, le Tribunal procède conformément aux dispositions des articles 361 (1) et 362.

Article 370 — Lorsque le prévenu refuse de dire s'il plaide coupable ou non coupable, le Tribunal en prend acte et procède comme il est dit à l'article 365.

ANNEXE 5

TITRE PRELIMINAIRE - DISPOSITIONS GENERALES

Article 3-1

La juridiction territorialement compétente pour connaître de toutes les procédures visées par le présent Acte uniforme est celle dans le ressort de laquelle le débiteur personne physique a son principal établissement sur le territoire national; ou le débiteur personne morale a son siège social sur le territoire national Si le principal établissement ou le siège social est à l'étranger, la procédure se déroule devant la juridiction dans le ressort de laquelle se trouve le principal centre d'exploitation du débiteur personne physique ou personne morale situé sur le territoire national. La juridiction du siège ou du principal établissement de la personne morale est également compétente, pour prononcer le règlement préventif, le redressement judiciaire ou la liquidation des biens des personnes solidairement responsables du passif de celle-ci.

CHAPITRE I – CONCILIATION

SECTION 1 - OUVERTURE DE LA CONCILIATION

Article 5-2

Le président de la juridiction compétente est saisi par une requête du débiteur ou par une requête conjointe de ce dernier avec un ou plusieurs de ses créanciers. Cette demande expose ses difficultés ainsi que les moyens d'y faire face.

La requête est accompagnée des documents suivants, datant de moins de trente (30) jours:

1°) une attestation d'immatriculation, d'inscription ou de déclaration d'activité à un registre ou à un ordre professionnel ou, à défaut, tout autre document de nature à prouver la réalité de l'activité exercée par le débiteur.

2°) le cas échéant, les états financiers de synthèse comprenant le bilan, le compte de résultat, un tableau financier des ressources et des emplois, l'état annexé et, en tout état de cause, le montant du chiffre d'affaires et des bénéfices ou des pertes des trois derniers exercices;

3°) un état de la trésorerie et un état chiffré des créances et des dettes avec indication des dates d'échéance;

4°) un document indiquant le nombre de travailleurs déclarés et immatriculés, à la date de la demande;

5°) une attestation émanant du débiteur par laquelle il déclare sur l'honneur ne pas être en état de cessation de paiements et précise, en outre, qu'il n'est pas soumis à une procédure de règlement préventif, de redressement judiciaire ou de liquidation des biens qui ne serait pas clôturée;

6°) si le débiteur propose un conciliateur, un document indiquant les noms, prénoms, qualités et domicile de la personne proposée et une attestation de cette dernière indiquant ses compétences professionnelles;

7°) le cas échéant, un document indiquant les noms, prénoms et domicile des créanciers qui se joignent à la demande du débiteur et le montant de leurs créances et des éventuelles sûretés dont elles sont assorties.

Ces documents sont datés, signés et certifiés conformes et sincères par le requérant. Dans le cas où l'un des documents visés ci-dessus ne peut être fourni, ou ne peut l'être qu'incomplètement, la requête doit contenir l'indication des motifs de cet empêchement.

CHAPITRE II - RÈGLEMENT PRÉVENTIF

SECTION 1 - OUVERTURE DU REGLEMENT PREVENTIF

Article 6

Le règlement préventif est ouvert au débiteur qui, sans être en état de cessation des paiements, justifie de difficultés financières ou économiques sérieuses La juridiction compétente est saisie par une requête du débiteur ou par une requête conjointe de ce dernier avec un ou plusieurs de ses créanciers, déposée au greffe contre récépissé.

Dans cette requête, le débiteur expose ses difficultés financières ou économiques ainsi que les perspectives de redressement de l'entreprise et d'apurement de son passif Aucune requête en ouverture d'un règlement préventif ne peut être présentée par le débiteur:

si un concordat préventif ou de redressement est encore en cours d'exécution;

avant l'expiration d'un délai de trois (03) ans à compter de l'homologation d'un précédent concordat préventif;

avant l'expiration d'un délai de dix-huit (18) mois à compter de la fin d'un règlement préventif n'ayant pas abouti à un concordat préventif.

Article 14

Dès le dépôt du rapport de l'expert, le président de la juridiction compétente saisie convoque sans délai le débiteur comparaître à une audience non publique pour y être entendu. Il convoque également à cette audience l'expert ainsi que tout créancier qu'il juge utile d'entendre. Le débiteur peut saisir lui-même la juridiction compétente.

Le débiteur et le ou les créanciers sont convoqués, par lettre au porteur contre récépissé ou par lettre recommandée avec demande d'avis de réception ou par tout moyen laissant trace écrite, trois (03) jours au moins avant la tenue de l'audience.

La juridiction saisie doit se prononcer immédiatement ou au plus tard dans un délai de trente (30) jours à compter de sa saisine. Le règlement préventif continue de produire ses effets, en particulier concernant la suspension des poursuites individuelles des créanciers, jusqu'à ce que la juridiction statue. Si celle-ci n'est pas saisie dans les conditions de l'alinéa 1er ou si elle ne se prononce pas dans les trente (30) jours à compter de sa saisine, le règlement préventif prend fin de plein droit, les créanciers recouvrant l'exercice de tous leurs droits et le débiteur recouvrant la pleine administration de ses biens.

Article 15

La juridiction compétente statue en audience non publique

1. Si elle constate la cessation des paiements, elle statue, d'office, sur le redressement judiciaire ou la liquidation des biens sans préjudice des dispositions des articles 29 et 33 ci- dessous.

2. Lorsque la situation du débiteur le justifie, elle homologue le concordat préventif, en constatant les délais et remises consentis par les créanciers et en donnant acte au

débiteur des mesures proposées pour le redressement de l'entreprise. Les délais et remises consentis par les créanciers peuvent être différents.

La juridiction compétente homologue le concordat préventif si:

les conditions de validité du concordat préventif sont réunies;

aucun motif tiré de l'intérêt collectif ou de l'ordre public ne paraît de nature à empêcher le concordat;

les délais consentis n'excèdent pas trois (03) ans pour l'ensemble des créanciers et un (01) an pour les créanciers de salaires;

Si des personnes bénéficient du privilège de l'article 11-1 ci-dessus, la juridiction qui homologue le concordat préventif vérifie qu'il répond aux conditions prévues audit article et que l'octroi de ce privilège ne porte pas atteinte aux intérêts des créanciers. Elle mentionne dans sa décision ledit privilège et les montants garantis.

Au cas où des créanciers auraient refusé de consentir des délais ou remises au débiteur, le président de la juridiction compétente fait ses bons offices entre ces créanciers et le débiteur. Il entend ces derniers sur les motifs de leur refus et provoque une négociation entre les parties en vue de leur permettre de parvenir à un accord.

Si malgré les bons offices du président, les parties ne parviennent pas à trouver un accord et dans le cas où le concordat préventif comporte seulement une demande de délai n'excédant pas deux (02) ans, la juridiction compétente peut rendre ce délai opposable aux créanciers qui ont refusé tout délai et toute remise sauf si ce délai met en péril l'entreprise de ces créanciers.

Les créanciers de salaires et ceux d'aliments ne peuvent consentir aucune remise, ni se voir imposer un délai qu'ils n'ont pas consenti eux-mêmes.

3. Si la juridiction compétente estime que la situation du débiteur ne relève d'aucune procédure collective ou si elle rejette le concordat préventif proposé par le débiteur, le règlement préventif prend fin sans délai. Cette décision remet les parties en l'état antérieur.

Article 16

La décision de la juridiction compétente homologuant le concordat préventif met fin à la mission de l'expert et à la procédure de règlement préventif, sous réserve des formalités prévues à l'article 17 ci-dessous. Toutefois, la juridiction compétente peut désigner, d'office ou à la demande du débiteur ou d'un créancier, un syndic et/ou un ou des contrôleurs chargés de surveiller l'exécution du concordat préventif homologué dans les mêmes conditions que celles prévues pour le concordat de redressement judiciaire homologué. La juridiction compétente peut désigner l'expert au règlement préventif en qualité de syndic.

Elle désigne également un juge-commissaire. Celui-ci contrôle les activités du syndic ou des contrôleurs chargés de surveiller l'exécution du concordat préventif homologué, s'il en a été nommé, et rédige un rapport à l'intention de la juridiction compétente tous les trois (03) mois et à tout moment à la demande de cette dernière.

SECTION 4 - REGLEMENT PREVENTIF SIMPLIFIE

Article 24

La procédure de règlement préventif simplifié est soumise aux règles applicables au règlement préventif, sous réserve des dispositions de la présente section.

TITRE III - REDRESSEMENT JUDICIAIRE ET LIQUIDATION DES BIENS

CHAPITRE I - OUVERTURE DU REDRESSEMENT JUDICIAIRE ET DE LA LIQUIDATION DES BIENS

Article 25

La procédure de redressement judiciaire ou de liquidation des biens est ouverte à tout débiteur en état de cessation des paiements.

La cessation des paiements est l'état où le débiteur se trouve dans l'impossibilité de faire face à son passif exigible avec son actif disponible, à l'exclusion des situations où les réserves de crédit ou les délais de paiement dont le débiteur bénéficie de la part de ses créanciers lui permettent de faire face à son passif exigible.

Le débiteur qui est en cessation des paiements doit faire une déclaration aux fins d'obtenir l'ouverture d'une procédure de redressement judiciaire ou de liquidation des biens quelle que soit la nature de ses dettes.

La déclaration de cessation des paiements doit être faite par le débiteur au plus tard dans les trente (30) jours qui suivent la cessation des paiements et déposée au greffe de la juridiction compétente contre récépissé.

Sans préjudice des dispositions de l'article 33 ci-dessous, le débiteur précise dans sa déclaration s'il demande l'ouverture d'une procédure de redressement judiciaire ou de liquidation des biens.

Article 29

La juridiction compétente peut se saisir d'office, notamment sur la base des informations fournies par le représentant du ministère public, les commissaires aux comptes des personnes morales de droit privé, les membres de ces personnes morales ou les institutions représentatives du personnel qui lui indiquent les faits de nature à motiver cette saisine.

La juridiction compétente peut également être saisie par le Ministère public. Dans ce cas, il fournit les éléments motivant sa demande.

Le président de la juridiction compétente fait convoquer le débiteur, par les soins du greffe, par signification d'huissier de justice ou notification par tout moyen permettant d'établir la réception effective par le destinataire, à comparaître devant la juridiction compétente siégeant en audience non publique. La convocation doit contenir la reproduction intégrale du présent article, à peine de nullité.

Si le débiteur comparaît, le président l'informe des faits de nature à motiver la saisine et recueille ses observations. Si le débiteur reconnaît être en cessation des paiements ou si le président acquiert l'intime conviction qu'il est dans un tel état, le président lui fixe un délai qui ne peut excéder trente (30) jours pour produire les documents visés à l'article 26 ci- dessus. Le même délai est accordé aux membres d'une personne morale indéfiniment et solidairement responsables du passif de celle-ci. Passé ce délai, la juridiction compétente statue en audience publique.

Si le débiteur ne comparaît pas, la juridiction compétente statue à la première audience publique utile, par une décision réputée contradictoire à l'égard du débiteur.

Article 35

Dans la décision d'ouverture de la procédure de redressement judiciaire ou de liquidation des biens, la juridiction compétente désigne le juge-commissaire parmi les juges du siège de la juridiction saisie, à l'exclusion de son président, sauf si celui-ci est juge unique. Elle peut également, si elle l'estime nécessaire, désigner un juge-commissaire suppléant.

La juridiction compétente désigne également le ou les syndics sans que leur nombre puisse excéder trois (03). L'expert désigné pour le règlement préventif d'un débiteur ne peut être désigné comme syndic. Le greffe de la juridiction adresse sans délai une copie de la décision au ministère public.

Article 36

Le greffe de la juridiction compétente porte mention, sans délai, de la décision d'ouverture d'une procédure collective au Registre du commerce et du crédit mobilier.

Si le débiteur est une personne morale de droit privé non commerçante, la mention est portée au registre chronologique; en outre, une fiche est établie au nom du débiteur au fichier alphabétique avec mention de la décision la concernant; il est indiqué les noms, prénoms et adresses du ou des dirigeants sociaux ainsi que le siège de la personne morale.

Si le débiteur est une personne physique ou morale exerçant une profession ou une activité libérale soumise à un statut réglementé, la décision est également, à la diligence du greffe, notifiée au représentant légal de son ordre professionnel ou de son autorité compétente.

Article 37

La décision d'ouverture de la procédure de redressement judiciaire ou de liquidation des biens est publiée à la diligence du greffe de la juridiction compétente, dans un journal d'annonces légales diffusé à partir du lieu du siège de la juridiction compétente. Sans préjudice de cette publication, une publicité supplémentaire peut également être faite dans tous autres média.

Cette publicité est, en outre, effectuée dans un journal d'annonces légales du lieu de chacun des établissements secondaires du débiteur si le journal habilité à recevoir des annonces légales du siège n'y est pas diffusé.

Elle contient les indications suivantes: le nom du débiteur; son domicile ou son siège social; son numéro d'immatriculation au Registre du commerce et du crédit mobilier ou son numéro de déclaration d'activité; la date de la décision d'ouverture et le type de procédure collective. Elle doit également indiquer le nom et l'adresse du syndic auprès duquel les créanciers doivent produire leurs créances, le délai de production de ces créances et reproduire intégralement l'article 78 ci-dessus.

Une deuxième publicité doit être faite, dans les mêmes termes, à la diligence du greffe de la juridiction compétente, au plus tôt dans les quinze (15) jours et au plus tard dans les trente (30) jours à compter de la date de la première publicité.

Article 38

Le syndic vérifie que les mentions et publicités prévues aux articles 36 et 37 ci-dessus ont été accomplies.

Si tel n'est pas le cas, il fait procéder, sous sa responsabilité, à l'accomplissement de ces formalités dans les meilleurs délais. Il est en outre tenu, si le débiteur est propriétaire de biens immobiliers, de publier la décision d'ouverture du redressement judiciaire ou de la liquidation des biens, conformément aux dispositions organisant la publicité foncière.

CHAPITRE II - ORGANES DU REDRESSEMENT JUDICIAIRE ET DE LA LIQUIDATION DES BIENS

SECTION 1 - JUGE-COMMISSAIRE

Article 39

Le juge-commissaire veille, sous l'autorité de la juridiction compétente, au déroulement régulier et rapide de la procédure de redressement judiciaire ou de liquidation des biens, à la protection des intérêts en présence et à l'atteinte des objectifs poursuivis.

La fonction de juge-commissaire est exclusive de l'exercice de toute autre attribution juridictionnelle relative à la procédure collective pour laquelle il a été désigné en cette qualité.

Le juge-commissaire recueille tous les éléments d'information qu'il juge utiles. Il peut, notamment, entendre le débiteur ou les dirigeants sociaux de la personne morale, leurs préposés, les créanciers ou toute autre personne, y compris le conjoint ou les héritiers connus du débiteur décédé en état de cessation des paiements.

Nonobstant toute disposition législative ou réglementaire contraire, le juge-commissaire peut obtenir communication, par les commissaires aux comptes, les comptables, les représentants du personnel, les administrations et organismes publics, les organismes de prévoyance et de sécurité sociales, les établissements bancaires et financiers ainsi que les services chargés de centraliser les risques bancaires et les incidents de paiement, des renseignements de nature à lui donner une information exacte sur la situation économique, financière et sociale de l'entreprise.

Il contrôle également les activités des syndics et rédige un rapport à l'attention de la juridiction compétente tous les trois (03) mois et à tout moment à la demande de cette dernière Le juge-commissaire fait rapport à la juridiction compétente de toutes contestations ou différends nés de la

Procédure collective.

La juridiction compétente peut, à tout moment, procéder au remplacement du juge-commissaire et du syndic.

SECTION 2 - SYNDIC

Article 41

Dès qu'il est informé de sa désignation, le syndic atteste qu'il remplit les conditions énoncées aux articles 4-4 et 4-5 ci-dessus. A tout moment, durant le déroulement de la procédure de redressement ou de liquidation des biens, s'il lui apparaît qu'il ne remplit plus ces conditions, il en informe sans délai le président de la juridiction compétente, qui met fin à sa mission et nomme un remplaçant.

Le débiteur ou tout créancier peut demander à tout moment au président de la juridiction compétente le remplacement du syndic qui tombe sous le coup de l'une des incompatibilités énoncées aux articles 4-4 et 4-5 ci-dessus, ou qui n'agit pas avec diligence dans l'exercice de sa mission.

Article 43

La mission du syndic dans le déroulement d'une procédure de redressement judiciaire ou de liquidation des biens s'exerce sous le contrôle du juge-commissaire.

Les syndics sont responsables des dommages causés par leurs fautes conformément aux dispositions des articles 4-12 à 4-15 ci-dessus.

S'il a été nommé plusieurs syndics, ils agissent collectivement. Toutefois, le juge-commissaire peut, selon les circonstances, donner à un ou plusieurs d'entre eux, le pouvoir d'agir individuellement; dans ce cas, seuls les syndics ayant reçu ce pouvoir sont responsables en cas de faute de leur part.

Si une réclamation est formée contre l'une des opérations des syndics, le juge-commissaire est saisi et statue dans les conditions prévues par l'article 40 ci-dessus.

Le syndic a l'obligation de remettre un rapport écrit sur sa mission et sur le déroulement de la procédure de redressement ou de liquidation des biens au juge-commissaire au moins une (01) fois tous les deux (2) mois et, dans tous les cas, chaque fois que le juge-commissaire le lui demande. Il indique, en outre, dans son rapport, le montant des deniers déposés au compte de la procédure collective ouvert dans les conditions prévues par l'article 4-22 ci-dessus.

La rémunération des syndics est régie par les articles 4-19 et 4-20 ci-dessus.

Article 46

Le syndic est responsable des livres, documents et effets remis par le débiteur ou appartenant à celui-ci ainsi que par les créanciers ou par tout déposant pendant cinq (05) ans à partir du jour de la reddition des comptes.

SECTION 3 - MINISTERE PUBLIC

Article 47

Le ministère public est informé du déroulement de la procédure de redressement judiciaire et de liquidation des biens par le juge-commissaire. Il peut, à toute époque, requérir communication de tous actes, livres ou documents relatifs à ladite procédure.

Le défaut de communication d'information ou de document ne peut être invoqué que par le ministère public.

Le ministère public communique au juge-commissaire, sur sa demande ou d'office, tous renseignements utiles à l'administration de la procédure, y compris toute information provenant d'une procédure pénale concernant le débiteur, nonobstant le secret de l'instruction.

CHAPITRE III - EFFETS DE LA DÉCISION D'OUVERTURE A L'ÉGARD DU DEBITEUR

SECTION 1 - ASSISTANCE OU DESSAISISSEMENT DU DEBITEUR

Article 66

Sans préjudice de l'élaboration du bilan économique et social prévu à l'article 119-1 ci-dessous, le syndic, dans un délai de trente (30) jours à compter de son entrée en fonction, remet au juge-commissaire un rapport sommaire sur la situation apparente du débiteur. Le juge-commissaire transmet sans délai le rapport avec ses observations au ministère public.

Si ce rapport ne lui a pas été remis dans le délai prescrit, le juge-commissaire en avise le ministère public en expliquant les causes de ce retard.

Dans le cas où la procédure de redressement ou de liquidation des biens est ouverte à rencontre d'une personne exerçant une profession libérale soumise à un statut réglementé, le rapport est également remis à l'ordre professionnel ou à l'autorité compétente dont le débiteur relève.

Article 79

Le délai de production des créances ne commence à courir à l'égard des créanciers bénéficiant d'une sûreté ayant fait l'objet d'une publicité ou liés au débiteur par un contrat publié qu'à compter de la notification de l'avertissement qui doit leur être personnellement donné par le syndic d'avoir à produire leur créance par lettre au porteur contre récépissé ou par lettre recommandée avec demande d'avis de réception ou par tout moyen laissant trace écrite, adressé, s'il y a lieu, à domicile élu.

Les créanciers connus, notamment ceux inscrits au bilan ou figurant sur la liste prévue à l'article 63 ci-dessus, doivent être avertis sans délai par le syndic, s'ils n'ont pas produit leurs créances dans les quinze (15) jours de la première insertion de la décision d'ouverture dans un journal d'annonces légales de l'État partie concerné. Cet avertissement prend la forme d'une lettre au porteur contre récépissé ou d'une lettre recommandée avec demande d'avis de réception ou de tout moyen laissant trace écrite.

Le même avertissement est adressé, dans les plus brefs délais, et dans tous les cas, au contrôleur représentant du personnel, s'il en a été nommé un.

ANNEXE 6

LIBERTÉS FONDAMENTALES - DROITS DE L'HOMME

VIOLATION DU SECRET DE L'INSTRUCTION PAR UN JOURNALISTE

Mots-clefs: Journaliste, Liberté d'expression, Secret de l'instruction, Équité de la procédure, Débat d'intérêt général, Procès équitable.

Le secret de l'instruction prime sur le droit à la liberté d'expression d'un journaliste ayant divulgué des informations couvertes par le secret dans une affaire pénale en cours.

Il s'agissait dans l'affaire présentée devant la Cour européenne des droits de l'homme (CEDH), de la condamnation, en 2005, d'un journaliste suisse à la suite de la publication d'un article relatif à l'affaire d'un automobiliste qui, après avoir soudainement foncé sur des piétons dans la ville de Lausanne, avait tué trois personnes et en avait blessé huit autres. Alors que l'instruction était encore ouverte au moment de la publication de l'article et conformément aux dispositions de droit interne (C. pén. suisse, art. 293), des poursuites pénales à l'encontre du journaliste furent engagées d'office le condamnant au paiement d'une amende de 4 000 francs suisses (environ 2667 €) pour divulgation d'informations et de documents (un résumé des questions des policiers, du juge d'instruction et les réponses de l'automobiliste) couverts par le secret de l'instruction.

Après avoir épuisé les voies de recours internes pour contester sa condamnation en vertu de son droit à la liberté d'expression, le journaliste a introduit une requête devant la CEDH arguant l'article 10, § 1 de la Convention.

Dans un arrêt rendu par la chambre de la Cour le 1er juillet 2014 (CEDH, *A. B. c/ Suisse*, n° 56925/08), les juges (4 voix contre 3) avaient conclu à la violation du droit à la liberté d'expression du journaliste estimant que les motifs invoqués par les autorités internes pour justifier sa condamnation, certes « pertinents » étaient « insuffisants » pour admettre une telle ingérence à l'exercice de ce droit. La chambre avait jugé à l'époque que l'affaire ayant suscité un vif intérêt auprès des médias et du grand public, celle-ci relevait d'un débat d'intérêt général ne pouvant restreindre le droit à la liberté d'expression du journaliste.

A la demande de la Suisse, l'affaire fut renvoyée devant la grande chambre de la CEDH pour un nouvel examen.

Par son arrêt du 29 mars 2016, la grande chambre va à l'encontre de la décision de la chambre rendue le 1er juillet 2014 en décidant de la non-violation de l'article 10 § 1 de la Convention européenne des droits de l'homme en l'espèce.

La grande chambre de la CEDH admet que l'affaire en question relevait bien d'un débat d'intérêt général, mais elle ne retient, néanmoins, aucune raison de remettre en cause la décision du Tribunal fédéral suisse constatant que l'article journalistique incriminé, en n'apportant aucun éclairage pertinent et utile au débat public, était davantage destiné à « satisfaire plus ou moins une curiosité malsaine sur des détails strictement privés de la vie du prévenu ».

Par ailleurs et s'agissant de l'influence sur la procédure pénale en cours au moment des faits, la grande chambre rappelle, par application jurisprudentielle, qu'il « est légitime de vouloir accorder une protection particulière au secret de l'instruction compte tenu de l'enjeu d'une procédure pénale tant pour l'administration de la justice que pour le droit au respect de la présomption d'innocence des personnes mises en examen» (CEDH 7 juin 2007, *Dupuis et a. c/ France*, n° 1914/02).

En l'espèce, elle considère que l'article litigieux dressant un portrait « négatif » de la personnalité de l'accusé ainsi que ses réponses apportées aux questions des policiers et du juge d'instruction « comportait en soi un risque d'influer d'une manière ou d'une autre sur la suite de la procédure ». Enfin, les informations divulguées revêtant un caractère strictement personnel, les mesures dissuasives adoptées par les autorités nationales, à savoir la condamnation pénale du journaliste, étaient, selon la Cour, justifiées au regard de la sauvegarde de la vie privée du prévenu.

En procédant ainsi, et une nouvelle fois, à l'examen de la mise en balance entre les intérêts des médias et ceux de la justice auxquels s'ajoute la protection de la vie privée d'un accusé, la CEDH a fondamentalement posé les limites à la liberté d'expression des journalistes violant le secret de l'instruction dans le cadre d'une procédure pénale en cours.

Un arrêt de grande chambre étant définitif, cette nouvelle décision se substitue à l'arrêt de la chambre de la Cour rendu 1er juillet 2

CEDH 29 mars 2016, Bédat c/ Suisse, n° 56925/08

Références

■ Code pénal suisse:

Article 293 - Publication de débats officiels secrets

« 1) Celui qui, sans en avoir le droit, aura livré à la publicité tout ou partie des actes, d'une instruction ou des débats d'une autorité qui sont secrets en vertu de la loi ou d'une décision prise par l'autorité dans les limites de sa compétence sera puni des arrêts ou de l'amende.

2) La complicité est punissable.

3) Le juge pourra renoncer à toute peine si le secret livré à la publicité est de peu d'importance. »

■ Convention européenne des droits de l'homme

Article 10 § 1:

« *Liberté d'expression.* 1. Toute personne a droit à la liberté d'expression. Ce droit comprend la liberté d'opinion et la liberté de recevoir ou de communiquer des informations ou des idées sans qu'il puisse y avoir ingérence d'autorités publiques et sans considération de frontière. Le présent article n'empêche pas les États de soumettre les entreprises de radiodiffusion, de cinéma ou de télévision à un régime d'autorisations. »

■ CEDH 1er juill. 2014, *A. B. c/ Suisse*, n° 56925/08.

■ CEDH 7 juin 2007, *Dupuis et a. c/ France*, n° 1914/02, *AJDA* 2007. 1918, chron. J.-F. Flauss; *D.* 2007. 2506, note J.-P. Marguénaud; *RSC* 2007. 563, note J. Francillon.

www.ingramcontent.com/pod-product-compliance
Lightning Source LLC
La Vergne TN
LVHW022110200926
848481LV00003B/1137
* 9 7 9 8 8 9 2 4 8 5 6 1 6 *